BROT backen

BACKEN MACHT FREUDE NR. 35

Im Eigenverlag Dr. Oetker GmbH, 9500 Villach
Dr. Oetker Rezeptdienst: Konditormeister Erhard Klug-Hudritsch

Konzeption & Gestaltung: scanlitho.teams, Eggeweg 26, 33617 Bielefeld

Fotos & Setstyling: Dieter Brasch, Wien (S. 19, 20, 23, 27, 28, 31, 32, 35, 36, 39, 40, 43, 44, 57, 58, 61, 66, 69, 70, 73, 74, 77, 78, 81, 82, 87, 88, 91, 92, 95, 96, 99, 103, 104, 109, 110, 113, 114, 117, 118, 121, 122, 125, 126)
Foodstyling: Mag. Mariella Lahodny-Bothe, MSc, Wien

Weitere Fotos: Jan-Peter Westermann, Hamburg (S. 24, 47, 48, 54, 62, 65)
Ulrike Holsten, Hamburg (S. 95)
Axel Struwe, Bielefeld (S. 53)

Vielen Dank für die Unterstützung:
FACKELMANN GmbH & Co. KG, Hersbruck
www.fackelmann.de

Druck: Salzkammergut Druck, 4810 Gmunden

ISBN: 978-3-900332-73-0
Erstausgabe 2018,

Impressum:
Dr. Oetker GmbH, Postfach 19, 9500 Villach, Telefon 04242/55 4 54-0
E-Mail: service@oetker.at, Internet: www.oetker.at

VORWORT

Liebe Brotbackfreunde!

Wer schon einmal selbst Brot gebacken hat, weiß, wie köstlich einladend und unwiderstehlich es in der Küche duftet. Dieser Duft lockt Ihre Lieben nur zu gern an den gemeinsamen Tisch.

Frisches Brot zu backen ist gar nicht so schwer, vorausgesetzt, es werden einige wichtige Punkte beachtet, die wir Ihnen in diesem Buch im Kapitel Grundwissen näher erklären. Unterschiedliche Getreidearten und Körnerfrüchte, wie z. B. Amaranth oder Quinoa sorgen auch für geschmackliche Vielfalt.

Wir haben für Sie köstliche Rezept-Ideen zusammengestellt. In diesem Buch finden Sie Sauerteigbrote, Brote mit Germ, Natron oder Backpulver, internationale Spezialitäten, süße und Low Carb Brote. Selbstverständlich sind alle Rezepte im Buch mit einem Foto versehen, das garantiert Lust aufs Ausprobieren macht.

Lesen Sie immer vor der Zubereitung – oder schon vor dem Einkauf der Zutaten – das Rezept einmal vollständig durch. Die Arbeitsabläufe sind dann klarer verständlich.
Viel Spaß beim Ausprobieren der Rezepte und gutes Gelingen!

Bei Fragen und Anregungen zu unseren Rezepten steht Ihnen gerne die gebührenfreie Telefonnummer 00800 71 72 73 74 zur Verfügung.

Gutes Gelingen und viel Freude!

Ihr Dr. Oetker Konditormeister
Erhard Klug-Hudritsch

E. Klug-Hudritsch

Dr.Oetker

Qualität ist das beste Rezept.

ABKÜRZUNGEN

KL = Kaffeelöffel
EL = Esslöffel
Ø = Durchmesser
g = Gramm
ml = Milliliter
l = Liter
Std. = Stunde(n)
Min. = Minuten
Stk. = Stück
Pck. = Päckchen
Pkg. = Packung
ca. = circa

DIE REZEPTE SIND WIE FOLGT GEKENNZEICHNET:

- Eiklarverwertung (E)
- Dotterverwertung (Do)
- glutenfrei (G)
- Vollkorn (V)
- vegetarisch
- vegan
- gelingt leicht
- etwas Übung erforderlich
- aufwändig

Die Zubereitungszeit beinhaltet nur die Zeit für die eigentliche Zubereitung, die Backzeiten sind gesondert ausgewiesen. Längere Wartezeiten wie z. B. Kühlzeiten sind ebenfalls nicht mit einbezogen.

INHALTSVERZEICHNIS

GRUNDWISSEN & TIPPS

BACKTEMPERATUR-TABELLE

Beim Backen mit Heißluft, die in den Rezepten angegebene Backtemperatur von Ober-/ Unterhitze, um 20 Grad reduzieren.

Ober-/Unterhitze (Grad)	**Heißluft (Grad)**
120	100
130	110
140	120
150	130
160	140
170	150
180	160
190	170
200	180
210	190
220	200
230	210
240	220
250	230

GASHERDE

Die Temperatur-Einstellungen bei Gasherden sind dem Benutzerhandbuch des Herstellers zu entnehmen.

MEHLSORTEN UND TYPEN (AUSMAHLUNGSGRAD), DIE FÜR BROT UND GEBÄCK ZUM BACKEN VERWENDET WERDEN

Mehlsorten	Type Österreich	Type Deutschland	Type Schweiz
Weizenmehl	W 480	Type 405	65 % des Korns 400 – 550 Weißmehl
Weizenmehl mit höchster Kleber-Eigenschaft	W 700	Type 550	75 % des Korns 700 – 750 Halbweißmehl
Weizenmehl dunkel	W 1600	Type 1050	85 % des Korns 1050 – 1100 Ruchmehl
Weizenmehl mit vollem Kornanteil	Vollkornmehl	Vollkornmehl	98 % des Korns Vollkornmehl
Roggenmehl fein	R 500 Roggenvorschussmehl	Type 815	
Roggenmehl normal	R 960 Roggenbrotmehl	Type 997 oder 1150 helles Roggenmehl	
Roggenmehl dunkel	R 2500 Schwarzroggenmehl		

Glatt, universal, griffig und doppelgriffig sind österreichische Begriffe, die sich auf die Korngröße im Mehl beziehen.

Vollkornschrote und -mehle sind in Österreich nicht typenbezeichnet.

Ältere Bezeichnungen wie Weißmehl oder Auszugsmehl ohne Type werden noch heute in vielen Regionen verwendet.

Schwarzmehl ist Roggenmehl oder ganz dunkles Weizenmehl.

TYPISCHE BROTGEWÜRZE

Kümmel, Fenchel, Anis und Koriander

Getreidearten

Brotgetreide sind Getreidearten, die eine gute Backfähigkeit haben und sich für gelockertes Brot aus Weizen und Roggen eignen.

WEIZEN

Weizengrieß, Weizendunst, Weizenauszugsmehl W 480 für Weizenteige wie Ciabatta, Baguette und Pizza.

WEIZENSORTEN, DIE ZU BROTMEHLEN VERARBEITET WERDEN

Weichweizen, Hartweizen (Durumweizen und Kamut), Spelzweizen (Dinkel und Grünkern), Einkorn-Emmer (Urform des Weizens).

PSEUDOGETREIDEARTEN

Körnerfrüchte, die zum Brotbacken verwendet werden, bieten viele Geschmacksvariationen und haben den Vorteil, dass sie den sich ständig verändernden Ernährungsformen entsprechen und sich daraus auch interessante Rezeptvariationen ergeben. Dazu zählen **Buchweizen (Heiden), Amaranth, Quinoa (Inkakorn, Inkahirse), Hanfmehl, Maismehl, Mandelmehl und glutenfreie Mehle.**

Als Zutaten **im Teig oder zum Bestreuen** werden auch immer mehr **Produkte** wie z. B. **Chia-Samen, Gojibeeren, schwarzer Sesam, Sesam, Leinsamen, Kürbiskerne und Sonnenblumenkerne** verwendet.

BACKMALZ

Roggen, Gersten- oder Weizenkörner werden mit Wasserzugabe zum Keimen gebracht. Danach werden die Körner geschwelgt und gedarrt (bei niedrigen und höheren Temperaturen getrocknet, so dass helle oder dunkle Malze entstehen). Das Darrmalz wird dann zu Malzmehl vermahlen und dient bei der Teigzugabe der Germ zur Nahrung und Teigfärbung.

Sauerteig herstellen und aufbewahren

ROGGEN-SAUERTEIG

Ein mit Sauerteig gebackenes Brot hat ein herrliches Aroma und trägt auch zu längerer Haltbarkeit des Brotes bei. Roggenmehl muss versäuert werden, denn nur so ist es auch backfähig.

ANSTELLGUT

1. Schritt: 50 g Roggenmehl und 100 ml Wasser glatt rühren und bei Raumtemperatur ca. 24 Std. stehen lassen.
2. Schritt: Nach 24 Std. sieht man an der Oberfläche schon einige Bläschen. Jetzt beginnt das sogenannte „füttern" oder „anfrischen" des Sauerteiges. Dazu werden 50 g Roggenmehl und 50 ml Wasser untergerührt und das Ganze wieder 24 Std. stehen gelassen.
3. Schritt: Das Füttern wird nach 24 Stunden mit 50 g Roggenmehl und 50 ml Wasser wiederholt, so erhält man 350 g Sauerteig. Der Sauerteig wird dann je nach verwendetem Rezept dem Vorteig oder Brotteig zugesetzt.

WEIZEN-SAUERTEIG

Wird auf die gleiche Art wie der Roggen-Sauerteig hergestellt. Beim Versäuern wird maximal 40 % des Gesamtmehles im Rezept versäuert.

SAUERTEIG AUFBEWAHREN

Sauerteig kann im Kühlschrank einige Tage abgedeckt aufbewahrt werden. Vor dem nächsten Brotbacken muss der Sauerteig aber rechtzeitig aufgefrischt werden. Dafür den 3. Schritt der Sauerteigherstellung 12 Std. vor der Teigzubereitung wiederholen.

Übrigen Sauerteig kann man auch einfrieren. Dazu wird der Sauerteig mit Mehl vermischt und trocken gerieben. Zur Wiederverwendung den Sauerteig auftauen und 12 Std. vor dem Brotbacken den 3. Schritt zur Sauerteigherstellung wiederholen.

VORTEIG

Jener Teil des Teiges, der mit Sauerteig, einem Teil Mehl und Wasser des Brotrezeptes verknetet wird. Er dient dazu, dass sich Aromen besser ausbilden und dadurch ein geschmacklich gehaltvolles Brot ergibt. Vom Vorteig wird auch der Sauerteig zum nächsten Brotbacken abgenommen.
Der Vorteig dient zur Aromaentwicklung, Hefevermehrung und Vollentwicklung der Triebkraft der Sauerteighefen.

Brot backen im Backrohr

Brot wird mit sehr hoher Hitze gebacken. Falls verfügbar, ist es vorteilhaft, das Brot bzw. Gebäck auf gelochten Blechen zu backen.

FALLENDE HITZE

Das bedeutet, dass das Brot, mit einem mit Wasser gefüllten Gefäß am Boden des Rohres, mit hoher Hitze angebacken und danach die Hitze reduziert wird. Meist ist es so, dass ca. 1/3 der Gesamtbackzeit mit hoher Hitze und 2/3 mit reduzierter (fallender) Hitze fertig gebacken wird.

Das Gefäß mit heißem Wasser nach der Anbackzeit entfernen. Die Backrohrtüre nur vorsichtig öffnen, weil heißer Dampf entweicht.

OFFENER ZUG

Offenen Zug verwendet man beim Backen, wenn Dampf aus dem Backrohr schnell entweichen soll. Sollte man einen Schieberegler bei seinem Backrohr haben, so öffnen Sie diesen. Andernfalls einen Kaffeelöffel oder Kochlöffel in die Backrohrtüre klemmen, so dass sie einen Spalt breit geöffnet bleibt.

Brot lagern

WANN IST DAS BROT FERTIG?

Wenden Sie das Brot und klopfen mit dem Fingerknöchel auf den Boden (Klopfprobe). Klingt es hohl, ist das Brot fertig gebacken.
Brot immer auf einem Kuchengitter erkalten lassen.

LAGERUNG BROT

Brot und Gebäck wird am besten in einem Leinensack aufbewahrt, so bleibt die Kruste länger resch und Schimmelbildung wird verhindert. Keinesfalls im Plastiksack aufbewahren, da der Luftabschluss zu Schimmelbildung führt und die Kruste weich und feucht wird.

BROT AUF VORRAT TIEFKÜHLEN

Das erkaltete Brot in einen Gefrierbeutel geben und tiefkühlen. Zum Auftauen das Brot aus dem Gefrierbeutel nehmen und am Besten über Nacht auf einem Kuchengitter auftauen lassen.

Fehler beim Brotbacken

TEIG IST KLEBRIG

Der Teig ist zu feucht. Mit etwas Mehl bestreuen und weiter kneten, bis er sich von den Händen löst und eine glatte Oberfläche erhält.

TEIG IST KRÜMELIG

Der Teig ist zu trocken. Etwas Wasser dazugeben und fertig kneten, bis der Teig schön elastisch ist.

TEIG GEHT NICHT AUF

Wenn der Teig nicht richtig aufgehen will, kann das an der Raumtemperatur liegen. Eventuell steht er zu kühl oder ist noch zu fest. In beiden Fällen können die Mikroorganismen aus Germ und Sauerteig nicht richtig arbeiten. Man kann die Gärung anregen, indem man den Teig mit einem feuchten Tuch abdeckt und in das leicht angewärmte Backrohr stellt.

BROT REISST SEITLICH EIN

Das Brot hat wahrscheinlich nicht genügend Zeit zum Gehen gehabt, ist nicht tief genug eingeschnitten worden oder ist beim Gehen an der Oberfläche zu trocken geworden. Daher sollte die Schüssel mit dem Teig während des Ruhens immer mit einem Baumwolltuch oder einem aufliegenden Deckel abgedeckt werden.

SEHR HARTE KRUSTE

Eine harte Kruste entsteht, wenn das Brot zu heiß gebacken wurde und die Luft im Backrohr zu trocken war. Um das Backwerk zu retten, das noch heiße Brot für zehn Minuten in ein feuchtes Tuch wickeln.

BROT BLEIBT IN DER FORM HÄNGEN

Das kann passieren, wenn die Form nicht ordentlich gefettet wurde oder der Teig zu feucht war. Man lässt das Brot ca. 15 Min. in der Form abkühlen. Die Form mit Nachdruck auf eine mit einem Geschirrtuch abgedeckte Arbeitsfläche aufsetzen.
Will es dann immer noch nicht heraus, kann man den Rand vorsichtig mit einem Messer lösen und durch leichtes Hebeln nachhelfen.

- Bei feuchten Teigen die Form immer befetten und bemehlen oder mit Körnern ausstreuen.
- Bei kompakten Teigen reicht es, die Form zu befetten oder dünn zu bemehlen.
- Für Brote, die am Blech gebacken werden, das Blech nur dünn befetten und bemehlen.

KRUSTE IST SEHR KOMPAKT

Der Teig ist nicht genug aufgegangen und hat daher zu wenig Poren gebildet – die Teiglockerung fehlt.

NASSE KRUSTE

Der Teig wurde zu kurz gebacken. Das Brot ohne Form wieder in den Ofen geben und vor dem erneuten Herausnehmen eine Klopfprobe machen.

FEUCHTE STELLEN IM BROT

Diese kommen meist bei Roggenbroten vor, wenn der Teig zu wenig geknetet wurde oder die Gehzeit zu kurz war. Die feuchten Stellen ausschneiden und den Rest eventuell in Würfel schneiden und für Croutons für Suppen oder Salate rösten, die man auch gut auf Vorrat tiefkühlen kann.

Begriffe in der Brotbackstube

ABSTREICHEN ODER ABGLÄNZEN

Bestreichen der Teiglinge je nach Gebäck vor dem Backen oder auch kurz vor Ende der Backzeit mit Wasser, Speiseöl, Schlagobers oder Ei für eine glänzende Kruste.

ANBACKTEMPERATUR

Meist wird Brot und Gebäck bei recht hoher Hitze von 220 bis 250 Grad gebacken und mit fallender Hitze (reduzierter Temperatur während der Restbackzeit) fertig gebacken.

ANSTELLGUT

Gezüchteter oder gekaufter Sauerteig zum Herstellen eines Vorteiges.

AUSBUND

Typische Oberflächenausbildung während des Backens. Das sind Einschnitte, Risse oder z. B. der typische Semmelstern.

BRÜHSTÜCK – QUELLSTÜCK – KOCHSTÜCK

Brühstück: Ca. 10 – 30 % Körner oder Schrot der Gesamtmehlmenge werden mit kochendem Wasser übergossen und zum Quellen 2 – 3 Stunden stehen gelassen.
Quellstück: 20 – 40 % Körner der Gesamtmehlmenge werden mit warmem (nicht kochendem) Wasser übergossen und zum Quellen 6 – 8 Stunden stehen gelassen.
Kochstück: Körner oder Schrot werden mit der dreifachen Menge Wasser auf ca. 90 Grad für 2 – 3 Stunden erhitzt und danach abgekühlt.

ZUSAMMENSTOSSEN, FORMEN, WIRKEN

Der fertige Teig erhält durch mehrfaches Falten eine bessere Struktur. Zusammenstoßen bedeutet, der Teig wird zunächst flach gedrückt und von oben zur Mitte hin um ca. ein Drittel zusammengefaltet. Dann jeweils ein Drittel des flachen Teigs von rechts und links zur Mitte hin falten.

Wirken ist eine Technik zur Straffung der Teigstruktur. Man kann die Teiglinge rundwirken für runde Brote oder Brötchen oder auch langwirken für Baguettes oder längliche Brote.
Für Brote, die ohne Backform gebacken werden, wird das Brot gewirkt (rund geformt) und in einem Körberl (Simperl) zur Gare (Ruhe) gegeben.

FREI GESCHOBENES BROT

Wird nicht in der Form, sondern als Teigling frei geformt und auf dem Backblech oder Backstein gebacken. Darauf achten, dass zwischen den einzelnen Gebäcken genügend Abstand ist, damit auch der Rand gut backen kann und die Gebäcke nicht zusammenkleben.

RUHSELN UND GARE

Ruhseln bezeichnet die Ruhezeiten (ca. 5 - 10 Min.) zwischen den einzelnen Arbeitsschritten. Der Teig entspannt sich und die einzelnen Arbeitsschritte gelingen leichter. Nach dem Kneten, Wiegen, Formen, Rollen immer kurz rasten lassen.

Gare bezeichnet den Zeitraum, in dem man den hergestellten Teig vor dem Backen aufgehen und ruhen lässt.

GÄRKÖRBCHEN (SIMPERL)

Behälter aus Peddigrohr, in den der fertig (länglich oder rund) geformte Brotteig zum Gehen und gleichzeitigem Formen gelegt wird. Simperln geben dem Brot die typische Musterung.

KRUME – KRUSTE

Die Krume ist das weiche Innere von Broten und Brötchen und wird von der Kruste umschlossen.

PORUNG

Ist die Beschaffenheit der Krume, die fein oder grob, regelmäßig oder unregelmäßig sein kann und typisch für die Gebäcke ist.

SCHWADEN

Einbringen von Wasserdampf in das Backrohr, damit Brot oder Brötchen eine schöne, knusprige Kruste erhalten, ohne dass die Krume austrocknet oder die Kruste zu fest wird. Bei Haushaltsherden wird ein hitzefestes Gefäß mit 1/4 l - 1/2 l Wasser in das Backrohr gestellt.

TEIGFÜHRUNG

Die stufenweise Herstellung von Sauerteig, die in einem oder auch mehreren Schritten erfolgen kann.

TEIGLING

Ist das fertig geformte, ungebackene Brot oder Brötchen.

TEIGSCHLUSS

Ist beim fertig gewirkten/geformten Teigling der entstandene Schluss (Naht). In der Regel werden die Teiglinge mit dem Teigschluss nach unten gebacken.

TRIEBMITTEL UND LOCKERUNGSMITTEL

Produkte, mit denen der Teig zum Aufgehen gebracht wird. Dafür verwendet man je nach Rezept Germ, Sauerteig, Backpulver, Natron oder auch Kombinationen davon.

Sauerteig-
BROTE

Mischbrot
(Titelrezept)

ca. 40 Min.

Zutaten für 2 Brote

Anstellgut zum Vorbereiten

20 g Roggenmehl
20 ml Wasser

12 Stunden später

20 g Roggenmehl
20 ml Wasser

6 Stunden später

30 g Roggenmehl
20 ml Wasser

Sauerteig zum Vorbereiten

200 g gesiebtes Roggenmehl
200 ml Wasser
50 g vom vorbereiteten Anstellgut

Roggen-Dinkelteig

400 g gesiebtes Roggenmehl
200 g gesiebtes Dinkelmehl
320 ml Wasser oder Buttermilch
20 g Salz
ca. 4 KL Brotgewürz
1 Pck. Dr. Oetker Germ
vorbereiteter Sauerteig

Zubereitung

Für das Anstellgut Mehl mit Wasser verkneten und ca. 12 Std. zugedeckt bei Raumtemperatur stehen lassen.
Nach 12 Std. Mehl mit Wasser dazugeben, verkneten und ca. 6 Std. zugedeckt bei Raumtemperatur stehen lassen.
Nach 6 Std. Mehl mit Wasser dazugeben, verkneten und ca. 3 Std. zugedeckt bei Raumtemperatur stehen lassen.

Für den Sauerteig Mehl mit Wasser und Anstellgut verkneten und ca. 24 Std. zugedeckt bei Raumtemperatur stehen lassen.

Für den Roggen-Dinkelteig die Mehle mit Wasser oder Buttermilch, Salz, Gewürz, Germ und Sauerteig mit der Küchenmaschine (Knethaken) auf niedriger Stufe zu einem Teig verkneten. Zugedeckt ca. 30 Min. gehen lassen.

Den Teig halbieren, rund formen, mit Roggenmehl gut bemehlen und auf ein leicht bemehltes Backblech geben. Die Brote ca. 1 Std. gehen lassen, bis sie merklich an Volumen zugenommen haben.

Ein flaches Gefäß mit ca. 400 ml lauwarmem Wasser füllen und auf den Boden in das vorgeheizte Backrohr stellen.

Das Blech in die Mitte des Rohres schieben. Die Brote mit fallender Hitze backen.

Ober-/Unterhitze: 250 Grad
Backzeit: ca. 15 Min.

Ober-/Unterhitze: 200 Grad
Backzeit: ca. 20 Min.

Ober-/Unterhitze: 180 Grad
Backzeit: ca. 20 Min.

Tipp: Die geformten Teige kann man zum Gehen auch in gut bemehlte Gärkörbchen (Simperln) geben.

Roggenbrot

ca. 30 Min.

Zutaten für 1 Brot

Zum Vorbereiten

150 g Sauerteig (siehe Seite 9)

Brotteig

500 g Roggenmehl

50 g glattes Mehl

1/2 Pck. Dr. Oetker Germ

2 EL lauwarmes Wasser

150 g vorbereiteter Sauerteig

30 g Salz

2 gestrichene EL Kümmel (gemahlen oder ganz)

350 ml Wasser (25 Grad)

Zum Besprühen und Bestreuen

etwas Wasser

1 EL Roggenmehl

1 EL Roggenschrot (Reformhaus)

Zubereitung

Den Sauerteig nach Anleitung (Seite 9) vorbereiten.

Für den Brotteig die Mehle in eine Rührschüssel sieben. Germ mit Wasser verrühren und dazugeben. Die übrigen Zutaten der Reihe nach dazugeben und mit der Küchenmaschine (Knethaken) auf niedriger Stufe 5 Min. kneten. Zugedeckt ca. 40 Min. rasten lassen.

Den Teig nochmals ca. 1 Min. mit der Küchenmaschine (Knethaken) auf niedriger Stufe kneten.

Den Teig auf eine bemehlte Arbeitsfläche geben und ca. 5 Min. rasten lassen.

Den Teig rund formen und in ein rundes, mit Roggenmehl bestäubtes Gärkörbchen (Simperl) geben. Das Gärkörbchen an einen warmen Ort stellen und den Teig zugedeckt ca. 40 Min. gehen lassen.

Den Laib auf ein leicht befettetes, bemehltes Backblech stürzen. Mit Wasser besprühen und mit der Roggenmehl-Schrot-Mischung bestreuen. Den Laib entweder ca. 2 cm tief einschneiden oder mit einer Gabel oder einem Stippenroller stupfen.

Ein flaches Gefäß mit lauwarmem Wasser füllen und auf den Boden in das vorgeheizte Backrohr stellen.

Das Blech in die untere Hälfte des Rohres schieben und das Brot mit fallender Hitze backen.

Ober-/Unterhitze: 250 Grad
Backzeit: ca. 15 Min.

Das Brot vom Blech nehmen und am Rost fertig backen.

Ober-/Unterhitze: 210 Grad
Backzeit: ca. 40 Min.

Würziges Bauernbrot

ca. 40 Min.

Zutaten für 2 Brote

Zum Vorbereiten

200 g Sauerteig (siehe Seite 9)

Brotteig

500 g Weizenvollkornmehl

500 g Roggenvollkornmehl

200 g vorbereiteter Sauerteig

1 Pck. Dr. Oetker Germ

2 EL lauwarmes Wasser (25 Grad)

25 g Salz

1 gestrichener EL Kümmel gemahlen

1 gestrichener EL Fenchel ganz

1 gestrichener EL Koriander gemahlen

1 gestrichener EL Anis ganz

700 ml lauwarmes Wasser (25 Grad)

Zum Bestreichen und Bestreuen

etwas Wasser

etwas Kümmel ganz

etwas Fenchel ganz

Zubereitung

Den Sauerteig nach Anleitung (Seite 9) vorbereiten.

Für den Brotteig die Mehle und Sauerteig in eine Rührschüssel geben. Germ mit Wasser verrühren und dazugeben. Die übrigen Zutaten der Reihe nach dazugeben und mit der Küchenmaschine (Knethaken) auf niedriger Stufe 5 Min. zu einem Teig verkneten. Den Teig ca. 40 Min. zugedeckt rasten lassen.

Den Teig nochmals ca. 1 Min. mit der Küchenmaschine (Knethaken) auf niedriger Stufe kneten.

Den Teig auf eine bemehlte Arbeitsfläche geben und ca. 5 Min. rasten lassen.

Den Teig halbieren, rund formen und ca. 5 Min. rasten lassen. Die Teigkugeln flach drücken, von oben nach unten einschlagen und länglich rollen. Die Brote mit dem Schluss nach unten, auf ein leicht befettetes, bemehltes Backblech geben. Zugedeckt an einem warmen Ort ca. 40 Min. gehen lassen.

Mit Wasser bestreichen und mit Kümmel und Fenchel bestreuen. Die Brote diagonal, ca. 2 cm tief, einschneiden.

Ein flaches Gefäß mit lauwarmem Wasser füllen und auf den Boden in das vorgeheizte Backrohr stellen.

Das Blech in die untere Hälfte des Rohres schieben und die Brote mit fallender Hitze backen.

Ober-/Unterhitze: 250 Grad
Backzeit: ca. 20 Min.

Die Brote vom Blech nehmen und am Rost fertig backen.

Ober-/Unterhitze: 210 Grad
Backzeit: ca. 40 Min.

Bauernbrot

ca. 30 Min.

Zutaten für 1 Brot

Sauerteig zum Vorbereiten

160 g gesiebtes Roggenmehl

1/8 l lauwarmes Wasser (25 Grad)

Brotteig

vorbereiteter Sauerteig

500 g gesiebtes glattes Mehl

300 g Weizenvollkornmehl

40 g gesiebtes Roggenmehl

1 Pck. Dr. Oetker Germ

40 g Salz

30 g Schweineschmalz

450 ml lauwarmes Wasser (25 Grad)

2 EL Brotgewürz

Zum Besprühen

etwas Wasser

Zubereitung

Für den Sauerteig Roggenmehl mit Wasser verrühren und 12 – 24 Std. bei Raumtemperatur zugedeckt stehen lassen.

Für den Brotteig die Zutaten der Reihe nach in eine Rührschüssel geben und mit der Küchenmaschine (Knethaken) zuerst auf niedriger Stufe 7 Min. und dann auf höherer Stufe 5 Min. kneten. Zugedeckt ca. 20 Min. rasten lassen.

Den Teig auf eine bemehlte Arbeitsfläche geben und zu einer Rolle mit stumpfen Enden formen. Die Teigrolle schneckenförmig auf ein leicht befettetes, bemehltes Backblech legen. Das Brot ca. 40 Min. zugedeckt gehen lassen.

Ein flaches Gefäß mit ca. 400 ml lauwarmem Wasser füllen und auf den Boden in das vorgeheizte Backrohr stellen. Das Brot mit Wasser besprühen.

Das Blech in die untere Hälfte des Rohres schieben und das Brot mit fallender Hitze backen.

Ober-/Unterhitze: 230 Grad
Backzeit: ca. 10 Min.

Mit einem scharfen Messer die Brotschnecke beliebig, ca. 2 tief, einschneiden. Achtung! Die Backrohrtüre vorsichtig öffnen, es entweicht heißer Dampf.

Ober-/Unterhitze: 200 Grad
Backzeit: ca. 50 Min.

Weizenvollkornbrot

ca. 40 Min.

Zutaten für 2 Brote

Vorteig zum Vorbereiten

10 g fertiger Sauerteig
100 g gesiebtes Roggenmehl
80 ml lauwarmes Wasser (25 Grad)

Brühstück

180 g Weizenschrot grob (Reformhaus)
360 ml heißes Wasser (70 Grad)

Brotteig

180 g vom Vorteig
540 g vorbereitetes Brühstück
720 g Weizenschrot fein (Reformhaus)
1 Pck. Dr. Oetker Germ
2 EL lauwarmes Wasser (25 Grad)
40 g Margarine
25 g Salz
1 gestrichener KL Kümmel gemahlen
230 ml lauwarmes Wasser (25 Grad)

Zum Ausstreuen

etwas Weizenschrot fein (Reformhaus)

Zubereitung

Für den Vorteig Sauerteig mit Mehl und Wasser verrühren und 15–24 Std. zugedeckt bei Raumtemperatur stehen lassen.

Für das Brühstück Weizenschrot mit Wasser verrühren und mind. 4 Std. quellen lassen.

Für den Brotteig Vorteig mit Brühstück und Weizenschrot in eine Rührschüssel geben. Germ mit Wasser verrühren und mit den übrigen Zutaten der Reihe nach dazugeben.

Den Teig 2-mal 15 Min., mit 15 Min. Ruhezeit dazwischen, mit der Küchenmaschine (Knethaken) auf niedriger Stufe kneten.

Den Teig auf eine bemehlte Arbeitsfläche geben, halbieren, rund formen und ca. 10 Min. rasten lassen. Die Teige flach drücken, von oben nach unten einschlagen und länglich rollen. Die Teigrollen mit dem Schluss nach unten in zwei befettete, mit Weizenschrot ausgestreute Kastenformen (10 x 30 cm) geben und ca. 40 Min. zugedeckt gehen lassen. Mit einem scharfen Messer längs ca. 2 cm tief einschneiden.

Ein flaches Gefäß mit lauwarmem Wasser füllen und auf den Boden in das vorgeheizte Backrohr stellen.

Die Formen auf dem Rost in die untere Hälfte des Rohres schieben. Die Brote mit fallender Hitze backen.

Ober-/Unterhitze: 230 Grad
Backzeit: ca. 15 Min.

Ober-/Unterhitze: 200 Grad
Backzeit: ca. 35 Min.

Die Brote auf ein Kuchengitter stürzen und erkalten lassen.

Sonnenblumen-Vollkorn-Mischbrot

ca. 40 Min.

Zutaten für 1 Brot

Brotteig

400 g Roggenvollkornmehl
400 g Weizenvollkornmehl
100 g fertiger Sauerteig
1 Pck. Dr. Oetker Germ
2 EL lauwarmes Wasser (25 Grad)
625 ml lauwarmes Wasser (25 Grad)
15 g Salz
200 g Sonnenblumenkerne

Zum Besprühen und Bestreuen

etwas Wasser
etwas Mohn ganz

Zubereitung

Für den Brotteig Mehle mit Sauerteig in eine Rührschüssel geben. Germ mit 2 EL Wasser verrühren und mit den übrigen Zutaten der Reihe nach dazugeben. Den Teig mit der Küchenmaschine (Knethaken) auf niedriger Stufe 8 Min. kneten. Den Teig ca. 1 Std. zugedeckt gehen lassen.

Den Teig auf eine bemehlte Arbeitsfläche geben. 2/3 des Teiges rund formen und länglich rollen. In Kreisform auf ein leicht befettetes, bemehltes Backblech geben. Den übrigen Teig rund formen, flach drücken und in die Mitte des Kreises geben.

In den mittleren Teil, mit einem scharfen Messer, ca. 2 cm tiefe Karos einschneiden. Den äußeren Ring rundum in ca. 3 cm Abständen 2 cm tief einschneiden.

Den mittleren Teil mit Wasser besprühen und mit Mohn bestreuen. Ca. 45 Min. zugedeckt gehen lassen.

Ein flaches Gefäß mit lauwarmem Wasser füllen und auf den Boden in das vorgeheizte Backrohr stellen.

Das Blech in die untere Hälfte des Rohres schieben. Das Brot mit fallender Hitze backen.

Ober-/Unterhitze: 220 Grad
Backzeit: ca. 15 Min.

Ober-/Unterhitze: 200 Grad
Backzeit: ca. 40 Min.

Hafer-flockenbrot

ca. 40 Min.

Zutaten für 1 Brot

Vorteig

100 g Weizenvollkornmehl

30 g gesiebtes glattes Mehl

30 g fertiger Sauerteig

100 ml lauwarmes Wasser (25 Grad)

Quellstück

120 g Haferflocken

80 ml lauwarmes Wasser (25 Grad)

Brotteig

260 g vorbereiteter Vorteig

200 g vorbereitetes Quellstück

250 g Weizenvollkornmehl

120 g gesiebtes glattes Mehl

20 g Salz

1/2 Pck. Dr. Oetker Germ

2 EL lauwarmes Wasser (25 Grad)

280 ml lauwarmes Wasser (25 Grad)

Zum Besprühen und Bestreuen

etwas Wasser

1 EL Haferflocken

Zubereitung

Für den Vorteig die Mehle mit Sauerteig und Wasser verrühren und ca. 6 Std. bei Raumtemperatur stehen lassen.

Für das Quellstück Haferflocken mit Wasser verrühren und ca. 6 Std. quellen lassen.

Für den Brotteig Vorteig mit Quellstück, Weizenvollkornmehl, glattem Mehl und Salz in eine Rührschüssel geben. Germ mit Wasser verrühren und mit dem übrigen Wasser dazugeben. Den Teig mit der Küchenmaschine (Knethaken) auf niedriger Stufe 8 Min. kneten.

Den Teig auf eine bemehlte Arbeitsfläche geben, rund formen, flach drücken, von oben nach unten einschlagen und länglich rollen. Den Teig in eine befettete und mit Haferflocken ausgestreute Kastenform (10 x 30 cm) geben und ca. 30 Min. zugedeckt gehen lassen.

Das Brot mit Wasser besprühen und mit Haferflocken bestreuen.

Ein flaches Gefäß mit lauwarmem Wasser füllen und auf den Boden in das vorgeheizte Backrohr stellen.

Die Form auf dem Rost in die untere Hälfte des Rohres schieben. Nach 20 Min. Backzeit, die Backrohrtüre vorsichtig öffnen und das Wasser entfernen.

Ober-/Unterhitze: 200 Grad
Backzeit: ca. 45 Min.

Das Brot auf ein Kuchengitter stürzen und erkalten lassen.

Roggen-mischbrot

ca. 40 Min.

Zutaten für 2 Brote

Zum Vorbereiten für den Sauerteig

240 g gesiebtes Roggenmehl

190 ml Wasser (25 Grad)

24 g fertiger Sauerteig

Quellstück

200 g Roggenvollkornschrot

220 ml lauwarmes Wasser (25 Grad)

Brotteig

430 g vom vorbereiteten Sauerteig

420 g Quellstück

160 g gesiebtes Roggenmehl

400 g glattes Mehl

1 Pck. Dr. Oetker Germ

2 EL lauwarmes Wasser (25 Grad)

25 g Salz

200 ml lauwarmes Wasser (25 Grad)

Zubereitung

Für den Sauerteig Mehl mit Wasser und Sauerteig verkneten und 12–24 Std. zugedeckt bei Raumtemperatur stehen lassen.

Für das Quellstück Roggenvollkornschrot mit Wasser verrühren und 12–24 Std. bei Raumtemperatur stehen lassen.

Für den Brotteig Sauerteig mit Quellstück und Mehlen in eine Rührschüssel geben. Germ mit Wasser verrühren und mit Salz und Wasser dazugeben. Mit der Küchenmaschine (Knethaken) 2 Min. auf niedriger Stufe und dann 6 Min. auf höherer Stufe kneten. Den Teig ca. 20 Min. zugedeckt rasten lassen.

Den Teig auf eine bemehlte Arbeitsfläche geben und halbieren. Die Teige rund formen, flach drücken, von oben nach unten einschlagen und länglich rollen. Die Brote in mit Roggenmehl bemehlte längliche Gärkörbchen (Simperln) geben. Zugedeckt an einem warmen Ort ca. 30 Min. gehen lassen.

Die Brote mit dem Schluss nach unten auf ein leicht befettetes, bemehltes Backblech geben, ca. 2 cm tief einschneiden oder mit einer Gabel (oder Stippenroller) stupfen.

Ein flaches Gefäß mit ca. 400 ml lauwarmem Wasser füllen und auf den Boden in das vorgeheizte Backrohr stellen.

Das Blech in die untere Hälfte des Rohres schieben. Die Brote mit fallender Hitze backen.

Ober-/Unterhitze: 230 Grad
Backzeit: ca. 15 Min.

Ober-/Unterhitze: 210 Grad
Backzeit: ca. 40 Min.

Tipp: Ein Stippenroller ist ein Werkzeug mit Zinken aus Metall oder Plastik, angebracht auf einer Rolle für Teige zum Stupfen (gleichmäßiges Anbringen von Löchern). Die Gebäckoberfläche bäckt so gleichmäßiger. Als Alternative kann man auch eine Speisegabel verwenden.

Baguette

ca. 40 Min.

Zutaten für 5 Baguettes

Vorteig

20 g Weizen-Sauerteig (Seite 9)
100 g gesiebtes glattes Mehl
100 ml lauwarmes Wasser (25 Grad)

Baguetteteig

200 g vom vorbereiteten Vorteig
900 g gesiebtes glattes Mehl
20 g Backmalz (Reformhaus)
1/2 Pck. Dr. Oetker Germ
2 EL lauwarmes Wasser (25 Grad)
600 ml lauwarmes Wasser (25 Grad)
20 g Salz
2 EL lauwarmes Wasser (25 Grad)

Zubereitung

Für den Vorteig Weizen-Sauerteig (Seite 9) mit Mehl und Wasser verrühren und über Nacht zugedeckt bei Raumtemperatur stehen lassen.

Für den Baguetteteig den Vorteig mit Mehl und Backmalz in eine Rührschüssel geben. Germ mit 2 EL Wasser verrühren und mit Wasser dazugeben. Die Zutaten mit der Küchenmaschine (Knethaken) auf niedriger Stufe 5 Min. kneten. Das Salz im Wasser auflösen, dazugeben und weitere 5 Min. kneten. Dann den Teig 4 Min. auf höherer Stufe kneten. Den Teig ca. 40 Min. zugedeckt rasten lassen.

Den Teig auf eine bemehlte Arbeitsfläche geben, in 5 Teile teilen und rund formen. Zugedeckt ca. 20 Min. gehen lassen.

Die Teigstücke flach drücken, von oben nach unten einschlagen und länglich rollen. Die Baguettes mit dem Schluss nach unten, auf zwei leicht befettete, bemehlte Backbleche geben und ca. 40 Min. gehen lassen.

Die Baguettes mit Wasser bestreichen und diagonal mit einem scharfen Messer ca. 2 cm tief einschneiden.

Ein flaches Gefäß mit lauwarmem Wasser füllen und auf den Boden in das vorgeheizte Backrohr stellen.

Ein Blech in die untere Hälfte des Rohres schieben.

Ober-/Unterhitze: 220 Grad
Backzeit: ca. 25 Min.

Den Backvorgang mit den übrigen Baguettes wiederholen.

Tipp: Statt Weizen-Sauerteig kann man auch Roggen-Sauerteig für das Rezept verwenden.

Krusten-brot

ca. 40 Min.

Zutaten für 2 Brote

Sauerteig züchten

1. Tag

20 g Roggenmehl

20 ml Wasser

2. Tag

20 g Roggenmehl

20 ml Wasser

3. Tag

30 g Roggenmehl

30 ml Wasser

4. Tag

60 g Roggenmehl

30 ml Wasser

Zum Vorbereiten für den Sauerteig

240 g gesiebtes Roggenmehl

140 ml lauwarmes Wasser (25 Grad)

200 g vom gezüchteten Sauerteig

Brotteig

600 g gesiebtes Roggenmehl

100 g gesiebtes glattes Mehl

300 g gesiebtes Dinkelmehl

vorbereiteter Sauerteig

620 ml lauwarmes Wasser (25 Grad)

30 g Salz

Zum Besprühen

etwas Wasser

Zubereitung

Für den Sauerteig am 1. Tag Mehl und Wasser verrühren und zugedeckt bei Raumtemperatur stehen lassen. An den folgenden Tagen die angegebenen Mengen Mehl und Wasser dazugegeben und verrühren. 30 g Überschuss abnehmen und als Anstellgut (Seite 14) für den nächsten Sauerteig verwenden.

Für den Sauerteig Mehl mit Wasser und Sauerteig verkneten und ca. 4 Std. bei 25 Grad Raumtemperatur zugedeckt stehen lassen.

Für den Brotteig die Zutaten mit der Küchenmaschine zuerst 2 Min. auf niedriger Stufe, dann 6 Min. auf höherer Stufe kneten. Den Teig 2 – 3 Std. zugedeckt gehen lassen.

Den Teig auf eine bemehlte Arbeitsfläche geben und halbieren. Die beiden Teige kurz rund formen und ca. 5 Min. rasten lassen. Die Brote in mit Küchtentüchern ausgelegte, bemehlte Gärkörbchen (Simperln) oder entsprechend große Schüsseln – mit dem Schluss nach oben – geben und ca. 1 Std. gehen lassen.

Die Brote mit Hilfe der Küchentücher aus den Gärkörbchen heben und mit der Oberseite auf ein befettetes, bemehltes Backblech geben.

Die Brote mit Wasser gut besprühen.

Ein flaches Gefäß mit ca. 400 ml lauwarmem Wasser füllen und auf den Boden in das vorgeheizte Backrohr stellen. Das Blech in die untere Hälfte des vorgeheizten Rohres schieben. Die Brote mit fallender Hitze backen.

Ober-/Unterhitze: 230 Grad
Backzeit: ca. 20 Min.

Das Wasser entfernen. Achtung! Die Backrohrtür vorsichtig öffnen, es entweicht heißer Dampf.

Ober-/Unterhitze: 200 Grad
Backzeit: ca. 50 Min.

Käse-stangerln

ca. 35 Min.

Zutaten für 16 Stück

Vorteig

150 g Weizenvollkornmehl
150 ml lauwarmes Wasser (25 Grad)
10 g fertiger Sauerteig

Teig

310 g vorbereiteter Vorteig
350 g gesiebtes glattes Mehl
1/2 Pck. Dr. Oetker Germ
10 g Magermilchpulver
10 g Salz
1 gestrichener KL Kümmel gemahlen
180 ml lauwarmes Wasser (25 Grad)
20 g weiche Butter

Zum Besprühen und Bestreuen

etwas Wasser
120 g geriebener Käse nach Wahl

Zubereitung

Für den Vorteig die Zutaten in eine Rührschüssel geben und mit der Küchenmaschine (Knethaken) 5 Min. auf niedriger Stufe verkneten. Zugedeckt ca. 4 Std. bei Raumtemperatur stehen lassen.

Für den Teig die Zutaten der Reihe nach in eine Rührschüssel geben und mit der Küchenmaschine (Knethaken) 8 Min. auf niedriger Stufe verkneten. Den Teig ca. 10 Min. rasten lassen.

Den Teig auf eine bemehlte Arbeitsfläche geben und in 16 Stücke teilen. Die Teigstücke rund formen und zugedeckt einige Minuten rasten lassen.

Die Teigstücke flach drücken, mit einem Rollholz oval ausrollen, unter Spannung aufrollen und mit dem Schluss nach unten auf zwei leicht befettete, bemehlte Backbleche geben. Die Stangerln ca. 30 Min. gehen lassen.

Die Stangerln mit Wasser besprühen, der Länge nach mit einem scharfen Messer, ca. 1 tief, einschneiden und mit Käse bestreuen.

Ein Blech in die untere Hälfte des vorgeheizten Rohres schieben.

Ober-/Unterhitze: 220 Grad
Backzeit: ca. 18 Min.

Den Backvorgang mit den übrigen Käsestangerln wiederholen.

Vintschgerln

ca. 25 Min.

Zutaten für 20 Stück

Vorteig

1/4 l lauwarmes Wasser
400 g Roggenvollkornmehl
2 EL Joghurt
150 g fertiger Sauerteig

Germteig

vorbereiteter Vorteig
600 g Weizenvollkornmehl
1/2 l Wasser
1 KL Anis
1 KL Kümmel ganz
20 g Salz
2 Pck. Dr. Oetker Germ

Zum Wälzen

etwas Roggenmehl

Zubereitung

Für den Vorteig Wasser mit Roggenvollkornmehl, Joghurt und Sauerteig zu einem Teig kneten und 3–4 Std. stehen lassen.

Für den Germteig Vorteig mit Weizenvollkornmehl, Wasser, Gewürzen, Salz und Germ vermischen und mit dem Handmixer (Knethaken) zu einem eher weichen Teig verkneten. Den Teig ca. 30 Min. rasten lassen.

Den Teig auf einer bemehlten Arbeitsfläche zusammenstoßen (flach drücken und von links und rechts zur Mitte hin einschlagen) und nochmals ca. 20 Min. rasten lassen.

Den Teig auf einer bemehlten Arbeitsfläche zu Laibchen formen und nochmals ca. 5 Min. gehen lassen. Beidseitig in Roggenmehl wälzen und auf ein mit Backpapier ausgelegtes Backblech geben. Zugedeckt an einem warmen Ort ca. 25 Min. gehen lassen.

Ein flaches Gefäß mit Wasser füllen und auf den Boden in das vorgeheizte Backrohr stellen.

Das Blech in die Mitte des vorgeheizten Rohres schieben.

Ober-/Unterhitze: 200 Grad
Backzeit: ca. 25 Min.

Mehrkorn-brötchen

ca. 40 Min.

Zutaten für 34 Stück

Vorteig

10 g fertiger Sauerteig
100 g gesiebtes Roggenmehl
80 ml lauwarmes Wasser (25 Grad)

Quellstück

50 g Leinsamen
50 g Sonnenblumenkerne
50 g Sojaschrot
50 g Haferflocken
50 g Roggenschrot grob
30 g gerösteter Sesam
280 ml kaltes Wasser

Brotteig

180 g vom Vorteig
560 g Quellstück
900 g glattes Mehl
25 g Backmalz
30 g Schweineschmalz
20 g Salz
1 Pck. Dr. Oetker Germ
2 EL lauwarmes Wasser (25 Grad)
400 ml lauwarmes Wasser (25 Grad)

Zum Besprühen und Bestreuen

etwas Wasser
etwas Körnermix (Leinsamen, Sonnenblumenkerne, Roggenschrot, Sesam)

Zubereitung

Für den Vorteig Sauerteig mit Mehl und Wasser verrühren und zugedeckt 15–24 Std. bei Raumtemperatur rasten lassen.

Für das Quellstück die Zutaten der Reihe nach in eine Rührschüssel geben, mit Wasser verrühren und 15–24 Std. quellen lassen.

Für den Brotteig Vorteig mit Quellstück, Mehl, Backmalz, Schweineschmalz und Salz in eine Rührschüssel geben. Germ mit Wasser verrühren und mit dem übrigen Wasser dazugeben. Mit der Küchenmaschine (Knethaken) auf niedriger Stufe ca. 8 Min. kneten. Den Teig zugedeckt ca. 15 Min. rasten lassen.

Den Teig auf eine bemehlte Arbeitsfläche geben und halbieren. Die Teige rund formen und flach drücken (36 cm Ø). Aus den Teigscheiben die Mitte (ca. 10 cm Ø) ausstechen. Die übrigen Teige in Tortenstückform (je 16 Stk.) einteilen und schneiden. Die Teigstücke mit den zwei ausgestochenen Teigscheiben auf zwei leicht befettete, bemehlte Backbleche geben und 25 Min. gehen lassen. Die Teigstücke mit Wasser besprühen und mit dem Körnermix bestreuen.

Ein flaches Gefäß mit lauwarmem Wasser füllen und auf den Boden in das vorgeheizte Backrohr stellen.

Ein Blech in die untere Hälfte des Rohres schieben. Nach 10 Min. Backzeit die Backrohrtüre vorsichtig öffnen und das Wasser entfernen.

Ober-/Unterhitze: 210 Grad
Backzeit: ca. 25 Min.

Den Backvorgang mit den übrigen Teigstücken wiederholen.

Tipp: Roggenschrot und Backmalz sind im Reformhaus erhältlich.

Roggen-weckerln

ca. 30 Min.

Zutaten für 13 Stück

Vorteig

250 g gesiebtes Roggenmehl
100 g fertiger Sauerteig
1 Pck. Dr. Oetker Germ
1/4 l lauwarmes Wasser (25 Grad)

Weckerlteig

vorbereiteter Vorteig
250 g Roggenvollkornmehl
15 g Salz
1/8 l lauwarmes Wasser (25 Grad)

Zum Bestreichen und Bestreuen

etwas Wasser
etwas Roggenmehl

Zubereitung

Für den Vorteig das Roggenmehl in eine Rührschüssel sieben. Die übrigen Zutaten der Reihe nach dazugeben und mit der Küchenmaschine (Knethaken) auf niedriger Stufe 5 Min. kneten. Zugedeckt ca. 12 Std. bei Raumtemperatur rasten lassen.

Für den Weckerlteig den Vorteig mit den übrigen Zutaten mit der Küchenmaschine (Knethaken) auf niedriger Stufe 5 Min. kneten. Zugedeckt ca. 30 Min. gehen lassen.

Den Teig auf eine bemehlte Arbeitsfläche geben und in 70 g-Stücke teilen. Die Teigstücke rund formen und etwas länglich rollen. Die Teigstücke auf zwei leicht befettete, bemehlte Backbleche geben. Mit Wasser bestreichen, mit Roggenmehl bestreuen und mittig ca. 2 cm tief einschneiden. Die Teigstücke ca. 40 Min. gehen lassen.

Ein flaches Gefäß mit lauwarmem Wasser füllen und auf den Boden in das vorgeheizte Backrohr stellen.

Ein Blech in die untere Hälfte des Rohres schieben.

Ober-/Unterhitze: 220 Grad
Backzeit: ca. 30 Min.

Den Backvorgang mit den übrigen Roggenweckerln wiederholen.

Körndlbrot

ca. 40 Min.

Zutaten für 1 Brot

Germteig

100 g Dinkelkörner

250 g Dinkelvollkornmehl

200 g gesiebtes Roggenmehl

100 g Roggenschrot (Reformhaus)

1 Pck. Dr. Oetker Germ

2 gestrichene KL Salz

2 EL Zuckerrübensirup

75 g fertiger Sauerteig

300 g Joghurt

100 ml lauwarmes Wasser (25 Grad)

Zum Unterkneten

100 g ungeschälte ganze Mandeln

Zum Bestreuen

1 EL Roggenschrot (Reformhaus)

Zubereitung

Für den Germteig die Dinkelkörner in Wasser ca. 30 Min. gar kochen und auf einem Sieb abtropfen lassen.

Die Mehle mit Roggenschrot und Germ in eine Rührschüssel geben und vermischen. Die übrigen Zutaten der Reihe nach dazugeben und mit der Küchenmaschine (Knethaken) auf niedriger Stufe 5 Min. zu einem Teig verkneten. Die Mandeln mit den Dinkelkörnern kurz unterkneten.

Zugedeckt an einem warmen Ort so lange gehen lassen, bis der Teig doppelt so hoch ist.

Den Teig nochmals mit der Küchenmaschine (Knethaken) kurz durchkneten und in eine befettete und mit Roggenschrot ausgestreute Kastenform geben. Den Teig mit Roggenschrot bestreuen und mit einem scharfen Messer ca. 2 cm tief einschneiden. An einem warmen Ort so lange gehen lassen, bis sich der Teig sichtbar vergrößert hat.

Die Form auf dem Rost in die untere Hälfte des vorgeheizten Rohres schieben. Das Brot mit fallender Hitze backen.

Ober-/Unterhitze: 220 Grad
Backzeit: ca. 10 Min.

Ober-/Unterhitze: 180 Grad
Backzeit: ca. 50 Min.

RUSTIKALES Zupf-Landbrot

ca. 50 Min.

Zutaten für 1 Brot

Germteig

400 g Weizenvollkornmehl
300 g gesiebtes Dinkelmehl
300 g gesiebtes Roggenmehl
1 Pck. Dr. Oetker Germ
75 g fertiger Sauerteig
2 KL Zucker
3 KL Salz
1 EL Brotgewürz (Koriander, Anis, Kümmel und Fenchel)
650 ml lauwarmes Wasser

Zum Besprühen und Bestreuen

etwas Wasser
etwas glattes Mehl

Füllung

2 fein gehackte Knoblauchzehen
1 Bund fein gehackte, gemischte Kräuter (z. B. Rosmarin, Petersilie, Schnittlauch, Basilikum, Thymian)
750 g Büffelmozzarella (oder beliebiger Käse)
etwas Olivenöl

Zubereitung

Für den Germteig die Mehle in eine Rührschüssel geben und mit der Germ gut vermischen. Die übrigen Zutaten der Reihe nach dazugeben und mit der Küchenmaschine (Knethaken) auf niedriger Stufe 5 Min. zu einem Teig verkneten. Zugedeckt an einem warmen Ort so lange gehen lassen, bis er doppelt so hoch ist.

Den Teig nochmals durchkneten und zugedeckt so lange gehen lassen, bis er sich sichtbar vergrößert hat.

Den Teig auf einer bemehlten Arbeitsfläche zu einem Wecken formen und auf ein leicht bemehltes Backblech geben. Zugedeckt so lange gehen lassen, bis er sich sichtbar vergrößert hat.

Das Brot mit Wasser besprühen und mit Mehl bestreuen.

Das Blech in die untere Hälfte des vorgeheizten Rohres schieben. Das Brot mit fallender Hitze backen.

Ober-/Unterhitze: 250 Grad
Backzeit: ca. 10 Min.

Ober-/Unterhitze: 180 Grad
Backzeit: ca. 50 Min.

Das Brot auf einem Kuchengitter erkalten lassen.

Für die Füllung Knoblauch mit Kräutern vermischen und den Mozzarella in feine Scheiben schneiden. Das erkaltete Brot mehrmals längs und quer so einschneiden, dass das Brot fast durchgeschnitten ist. Das Brot auf das Backblech legen. Die Schnittstellen etwas öffnen, die Knoblauch-Kräuter-Mischung gleichmäßig einstreuen, den Mozzarella üppig darin verteilen und mit etwas Olivenöl bestreichen.

Das Blech in die Mitte des vorgeheizten Rohres schieben.

Ober-/Unterhitze: 180 Grad
Backzeit: ca. 15 Min.

Das Brot noch warm servieren.

Brote mit GERM, NATRON ODER BACKPULVER

Dinkel-Wurzelbrot

ca. 40 Min.

Zutaten für 4 Brote

Germteig

400 g Dinkelvollkornmehl
1 Pck. Dr. Oetker Germ
125 g Dr. Oetker Creme Vega
2 EL Speiseöl
1 gestrichener KL Salz
1 EL Zucker
200 ml warmes Wasser

Zum Bestreuen

etwas Dinkelvollkornmehl

Zubereitung

Für den Germteig Vollkornmehl mit Germ in eine Rührschüssel geben und gut vermischen. Die übrigen Zutaten der Reihe nach dazugeben und mit dem Handmixer (Knethaken) auf niedriger Stufe 5 Min. zu einem Teig verkneten. Zugedeckt an einem warmen Ort so lange gehen lassen, bis sich der Teig sichtbar vergrößert hat.

Dann den Teig nicht mehr kneten, sondern mit Vollkornmehl bestreuen, vom Rand der Schüssel lösen und auf eine Arbeitsfläche stürzen. Erneut mit Vollkornmehl bestreuen und in 4 gleich große Stücke teilen.

Die Teigstücke gegeneinander verdrehen und nebeneinander auf ein mit Backpapier ausgelegtes Backblech geben. Zugedeckt ca. 40 Min. gehen lassen.

Das Blech in die Mitte des vorgeheizten Rohres schieben. Die Brote mit fallender Hitze backen.

Ober-/Unterhitze: ca. 240 Grad
Backzeit: ca. 10 Min.

Ober-/Unterhitze: etwa 180 Grad
Backzeit: ca. 10 Min.

Brotsticks

ca. 50 Min.

Zutaten für 12 Stück

Brotteig

250 g gesiebtes glattes Mehl
250 g gesiebtes Dinkelmehl
10 g Backmalz (Reformhaus)
20 g weiche Butter
10 g Magermilchpulver
1 Pck. Dr. Oetker Germ
10 g Salz
260 ml lauwarmes Wasser (25 Grad)
1 Prise Kümmel gemahlen

Zubereitung

Für den Brotteig die Zutaten der Reihe nach in eine Rührschüssel geben und mit der Küchenmaschine (Knethaken) auf niedriger Stufe 8 Min. verkneten. Den Teig ca. 20 Min. gehen lassen.

Den Teig auf eine gut bemehlte Arbeitsfläche geben und rechteckig, ca. 1 cm dick ausrollen. In 4 cm breite Streifen schneiden, etwas bemehlen, die Enden gegeneinander verdrehen und auf ein befettetes, bemehltes Backblech geben. Die Sticks zugedeckt ca. 20 Min. gehen lassen.

Das Blech in die Mitte des vorgeheizten Rohres schieben.

Ober-/Unterhitze: 200 Grad
Backzeit: ca. 20 Min.

Tipp: Zu den Sticks verschiedene Dips servieren oder zu Gegrilltem reichen.

Weißbrot

ca. 20 Min.

Zutaten für 1 Brot

Germteig

480 g gesiebtes glattes Mehl

1 1/2 Pck. Dr. Oetker Germ

1 KL Salz

1 Ei (Größe M)

220 ml lauwarmes Wasser (25 Grad)

20 g flüssige Butter

Zum Besprühen und Bestreuen

etwas Wasser

50 g Sesam

Zubereitung

Für den Germteig das Mehl in eine Rührschüssel sieben und mit der Germ gut vermischen. Die übrigen Zutaten der Reihe nach dazugeben und mit dem Handmixer (Knethaken) zu einem Teig verkneten. Zugedeckt an einem warmen Ort so lange gehen lassen, bis er doppelt so hoch ist.

Den Teig auf einer bemehlten Arbeitsfläche zusammenstoßen (flach drücken und von links und rechts zur Mitte hin einschlagen), rund formen und zu einem Wecken rollen.

Das Brot mit Wasser besprühen, in Sesam wälzen und mit dem Schluss nach unten auf ein befettetes, bemehltes Backblech geben. Mit einem bemehlten Kochlöffelstiel der Länge nach mittig Löcher, im Abstand von ca. 6 cm, einstechen. Zugedeckt an einem warmen Ort ca. 20 Min. gehen lassen.

Das Blech in die untere Hälfte des vorgeheizten Rohres schieben.

Ober-/Unterhitze: 180 Grad
Backzeit: ca. 60 Min.

Toastbrot

ca. 50 Min.

Zutaten für 1 Brot

Germteig

480 g Universal Mehl

1 1/2 Pck. Dr. Oetker Germ

1 KL Salz

1 KL Zucker

350 ml lauwarmes Wasser (25 Grad)

Zubereitung

Für den Germteig das Mehl in eine Rührschüssel sieben und mit der Germ gut vermischen. Die übrigen Zutaten der Reihe nach dazugeben und mit dem Handmixer (Knethaken) zu einem Teig verkneten. Zugedeckt an einem warmen Ort so lange gehen lassen, bis er doppelt so hoch ist.

Den Teig auf einer bemehlten Arbeitsfläche zusammenstoßen (flach drücken und von links und rechts zur Mitte hin einschlagen), in 4 gleiche Stücke teilen und zu Kugeln formen.

Die Teigstücke nebeneinander in eine befettete Kastenform (10 x 30 cm) geben. Zugedeckt an einem warmen Ort ca. 20 Min. gehen lassen.

Die Form auf dem Rost in die untere Hälfte des vorgeheizten Rohres schieben.

Ober-/Unterhitze: 190 Grad
Backzeit: ca. 60 Min.

Tipp: Der Teig für Toastbrot wird in 4 Teilen in die Form gegeben, damit er eine höhere Stabilität hat und die Seitenwände nach dem Backen nicht einfallen.

DINKEL-Vollkorn-Nussbrot

ca. 20 Min.

Zutaten für 2 Brote

Brotteig

500 g Dinkelvollkornmehl

150 g gesiebtes Dinkelmehl

2 Pck. Dr. Oetker Backpulver

6 g Salz

200 g Magertopfen (1%)

40 ml Speiseöl

400 ml Magermilch

1 KL Anis gemahlen

1 KL Brotgewürz

Zum Unterkneten

150 g grob gehackte Pekannüsse

Zum Bestreichen

etwas Wasser

Zubereitung

Für den Teig die Mehle mit Backpulver vermischen und in eine Rührschüssel geben. Die übrigen Zutaten der Reihe nach dazugeben und mit dem Handmixer (Knethaken) auf niedriger Stufe 6 Min. zu einem Teig verkneten. Die Nüsse kurz unterkneten.

Den Teig halbieren und rund formen. Die Teigkugeln zu Wecken formen und in zwei befettete, bemehlte Kastenformen (10 x 30 cm) geben. Die Brote mit Wasser bestreichen und mit einer Schere dachziegelartig einschneiden.

Die Formen auf dem Rost in die untere Hälfte des vorgeheizten Rohres schieben.

Ober-/Unterhitze: 190 Grad
Backzeit: ca. 45 Min.

Die Brote auf einem Kuchengitter erkalten lassen.

Emmerbrot

ca. 50 Min.

Zutaten für 1 Brot

Germteig

1 Pck. Dr. Oetker Germ
500 lauwarme Buttermilch
1 EL Honig
600 g Emmer-Vollkornmehl
300 g gesiebtes glattes Mehl
300 g gesiebtes Dinkelmehl
1 EL Salz
1/4 l lauwarmes Wasser

Zubereitung

Für den Germteig Germ mit Buttermilch und Honig verrühren und einige Minuten stehen lassen. Die Mehle mit Salz in eine Rührschüssel geben und vermischen. Die Germ-Buttermilch-Mischung mit Wasser dazugeben und mit der Küchenmaschine (Knethaken) auf niedriger Stufe 5 Min. zu einem glatten Teig verkneten. Zugedeckt an einem warmen Ort ca. 2 Std. gehen lassen.

Den Teig auf einer bemehlten Arbeitsfläche gut durchkneten, zu einem Laib formen und auf ein bemehltes Backblech geben. Zugedeckt an einem warmen Ort so lange gehen lassen, bis das Brot doppelt so hoch ist.

Das Brot etwas bemehlen und der Länge nach mehrmals ca. 1 cm tief einschneiden.

Das Blech in die untere Hälfte des vorgeheizten Rohres schieben. Das Brot mit fallender Hitze backen.

Ober-/Unterhitze: 250 Grad
Backzeit: ca. 10 Min.

Ober-/Unterhitze: 200 Grad
Backzeit: ca. 40 Min.

Das Brot auf einem Kuchengitter erkalten lassen.

Parisienne-Brot

ca. 20 Min.

Zutaten für 4 Brote

Germteig

400 g glattes Mehl
300 g Weizenvollkornmehl
2 Pck. Dr. Oetker Germ
2 KL Salz
1/2 l lauwarmes Wasser
100 ml Olivenöl

Zubereitung

Für den Germteig das glatte Mehl in eine Rührschüssel sieben und mit der Germ gut vermischen. Die übrigen Zutaten der Reihe nach dazugeben und mit der Küchenmaschine (Knethaken) 5 Min. auf niedriger Stufe zu einem glatten Teig verkneten. Zugedeckt an einem warmen Ort so lange gehen lassen, bis er doppelt so hoch ist.

Den Teig mit Mehl bestreuen und auf eine Arbeitsfläche geben. Nochmals mit Mehl bestreuen, etwas flach drücken und einen ca. 40 cm langen Fladen formen.

Den Teig mithilfe einer Teigkarte längs halbieren und jedes Teigstück nochmals schräg halbieren. Die Teigstücke auf ein mit Backpapier ausgelegtes Backblech geben und ca. 20 Min. gehen lassen.

Jedes Brot mit einem Messer 3-mal schräg einschneiden.

Das Blech in die untere Hälfte des vorgeheizten Rohres schieben.

Ober-/Unterhitze: 220 Grad
Backzeit: ca. 25 Min.

Buttermilch-brot

ca. 30 Min.

Zutaten für 1 Brot

Brotteig

250 g Weizenvollkornmehl

200 g Weizenschrot fein (Reformhaus)

1 Pck. Dr. Oetker Natron

1 EL Salz

1 EL Kümmel

1/2 l Buttermilch

Zum Besprühen und Bestreuen

etwas lauwarmes Wasser

etwas Kümmel

Zubereitung

Für den Brotteig Mehl mit Weizenschrot und Natron in eine Rührschüssel geben und vermischen. Die übrigen Zutaten dazugeben und mit der Küchenmaschine (Knethaken) auf niedriger Stufe 5 Min. zu einem Teig verkneten. Zugedeckt an einem warmen Ort ca. 40 Min. gehen lassen.

Den Teig auf einer bemehlten Arbeitsfläche nochmals durchkneten und in eine befettete, bemehlte Kastenform (10 x 30 cm) geben.

Den Teig mit Wasser besprühen und mit Kümmel bestreuen.

Die Form auf dem Rost in die untere Hälfte des vorgeheizten Rohres schieben.

Ober-/Unterhitze: 200 Grad
Backzeit: ca. 50 - 60 Min.

Leinsamen-brot

ca. 20 Min.

Zutaten für 1 Brot

Brotteig

400 g Roggenvollkornmehl
100 g Weizenvollkornmehl
1 Pck. Dr. Oetker Natron
1 gestrichener EL Dr. Oetker Backpulver
3 EL Essig
1 KL Salz
1 KL Koriander ganz
1 KL Anis ganz
1/2 KL Fenchel ganz
1/8 l lauwarmes Wasser (25 Grad)
250 g Joghurt
50 g Leinsamen

Zum Bestreuen

einige Leinsamen

Zubereitung

Für den Brotteig die Mehle in eine Rührschüssel geben und mit Natron und Backpulver vermischen. Die übrigen Zutaten der Reihe nach dazugeben und mit der Küchenmaschine (Knethaken) auf niedriger Stufe 5 Min. zu einem Teig verkneten. Zugedeckt ca. 5 Min. rasten lassen.

Den Teig auf einer bemehlten Arbeitsfläche nochmals durchkneten, zu einem Wecken formen und auf ein befettetes Backblech geben. Das Brot an der Oberfläche einige Male einschneiden und mit Leinsamen bestreuen.

Das Blech in die untere Hälfte des vorgeheizten Rohres schieben.

Ober-/Unterhitze: 190 Grad
Backzeit: ca. 60 Min.

Dinkelbrot

ca. 30 Min.

Zutaten für 1 Brot

Dinkelteig

500 g Dinkelvollkornmehl

100 g gesiebtes Dinkelmehl

2 gestrichene EL Brotgewürz

2 gestrichene KL Salz

1 Pck. Dr. Oetker Natron

500 g lauwarmes Joghurt

Zum Unterkneten

20 g Leinsamen

20 g Sesam

40 g Sonnenblumenkerne

40 g Kürbiskerne

2 EL Apfelessig

Zum Ausstreuen, Bestreichen und Bestreuen

etwas Sesam

einige Leinsamen

etwas Wasser

etwas Dinkelschrot (Reformhaus)

Zubereitung

Für den Dinkelteig die Mehle in eine Rührschüssel geben. Gewürz, Salz und Natron dazugeben und gut vermischen. Das Joghurt dazugeben und mit der Küchenmaschine (Knethaken) auf niedriger Stufe 8 Min. zu einem Teig verkneten. Die übrigen Zutaten dazugeben und kurz unterkneten.

Den Teig auf einer bemehlten Arbeitsfläche rund formen und länglich rollen.

Sesam und Leinsamen vermischen. Die Teigrolle in eine befettete und mit der Sesam-Leinsamen-Mischung ausgestreute Kastenform (10 x 30 cm) geben. Mit Wasser bestreichen und mit Dinkelschrot bestreuen.

Die Form auf dem Rost in die untere Hälfte des vorgeheizten Rohres schieben.

Ober-/Unterhitze: 200 Grad
Backzeit: ca. 40 Min.

Das Brot auf einen Rost stürzen und weitere 10 Min. backen, damit eine durchgehende Kruste entsteht.

Kümmel-brot

ca. 20 Min.

Zutaten für 1 Brot

Brotteig

500 g Weizenvollkornmehl
1 Pck. Dr. Oetker Germ
1 KL Salz
1 EL Kümmel ganz
ca. 3/8 l lauwarmes Wasser

Zum Unterkneten

50 g würfelig geschnittener Speck

Zubereitung

Für den Brotteig das Mehl in eine Rührschüssel geben und mit der Germ gut vermischen. Die übrigen Zutaten der Reihe nach dazugeben und mit der Küchenmaschine (Knethaken) auf niedriger Stufe 5 Min. zu einem Teig verkneten. Den Speck unterkneten.

Den Teig auf einer bemehlten Arbeitsfläche zu einem Laib formen und auf ein befettetes, bemehltes Backblech geben. Den Laib mehrmals einschneiden und zugedeckt ca. 20 Min. gehen lassen.

Das Blech in die Mitte des vorgeheizten Rohres schieben.

Ober-/Unterhitze: 190 Grad
Backzeit: ca. 50 Min.

Mohn-weckerln

ca. 50 Min.

Zutaten für 15 Stück

Weckerlteig

500 g glattes Mehl

1 Pck. Dr. Oetker Germ

10 g Magermilchpulver

10 g Backmalz (Reformhaus)

10 g Salz

270 ml lauwarmes Wasser (25 Grad)

20 g weiche Butter

Zum Besprühen und Tauchen

etwas Wasser

etwas Mohn ganz

Zubereitung

Für den Weckerlteig das Mehl in eine Rührschüssel sieben und mit der Germ gut vermischen. Die übrigen Zutaten der Reihe nach dazugeben und mit der Küchenmaschine (Knethaken) auf niedriger Stufe 8 Min. zu einem Teig verkneten. Den Teig ca. 10 Min. rasten lassen.

Den Teig auf eine bemehlte Arbeitsfläche geben, in 15 Stücke teilen und rund formen.

Die Teigstücke ca. 5 Min. ruhen lassen. Die Teigstücke zu Strängen rollen, zu Mohnweckerln flechten und auf ein leicht befettetes, bemehltes Backblech geben. Zugedeckt an einem warmen Ort so lange gehen lassen, bis sie sich verdoppelt haben.

Die Mohnweckerln mit Wasser besprühen und in Mohn tauchen.

Ein flaches Gefäß mit 1/8 l lauwarmem Wasser füllen und auf den Boden in das vorgeheizte Backrohr stellen.

Das Blech in die Mitte des vorgeheizten Rohres schieben.

Ober-/Unterhitze: 220 Grad
Backzeit: ca. 15 Min.

Tipp: Die Weckerln können auch in Sesam statt in Mohn getaucht werden.

Flechtanleitung

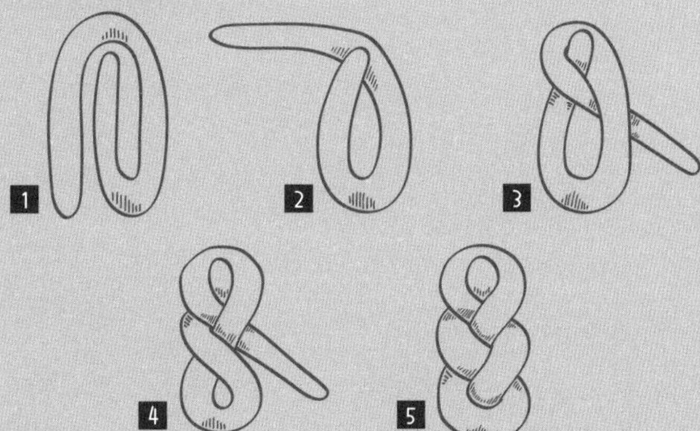

Laugen-stangerln

ca. 50 Min.

Zutaten für ca. 15 Stück

Teig

500 g gesiebtes glattes Mehl
1 Pck. Dr. Oetker Germ
10 g Salz
10 g Backmalz (Reformhaus)
1/4 l lauwarmes Wasser (25 Grad)
20 g weiche Butter
1 Prise Kümmel gemahlen

Lauge zum Tauchen

1 l Wasser
3 Pck. Dr. Oetker Natron

Zum Bestreuen

etwas grobes Salz

Zubereitung

Für den Teig die Zutaten der Reihe nach in eine Rührschüssel geben und mit der Küchenmaschine (Knethaken) 8 Min. auf niedriger Stufe verkneten. Den Teig ca. 10 Min. rasten lassen.

Den Teig auf eine bemehlte Arbeitsfläche geben und in 15 Stücke teilen. Die Teigstücke rund formen und zugedeckt einige Minuten rasten lassen.

Die Teigstücke flach drücken, von oben zur Mitte hin einschlagen, fertig aufrollen und von der Mitte aus länglich rollen. Die Stangerln mit dem Schluss nach unten auf bemehlte Küchentücher geben. Abgedeckt ca. 30 Min. gehen lassen.

Das Küchentuch erst kurz vor dem Tauchen entfernen, damit die Stangerln etwas abtrocknen können.

Für die Lauge Wasser mit Natron verrühren, bis das Natron vollständig aufgelöst ist. Achtung: Zum Tauchen der Stangerln unbedingt Einweghandschuhe verwenden!

Die Oberseite der Stangerln mit beiden Händen kopfüber durch die Lauge ziehen, etwas ablaufen lassen und auf mit Backpapier ausgelegte Backbleche geben. Die Stangerln mit Salz bestreuen.

Ein Blech in die Mitte des vorgeheizten Rohres schieben.

Ober-/Unterhitze: 230 Grad bei offenem Zug
Backzeit: ca. 15 Min.

Den Backvorgang mit den übrigen Laugenstangerln wiederholen.

Tipp: Der Teig eignet sich auch für Laugenbrezeln.

Brot im Blumentopf

ca. 30 Min.

Zutaten für 6 Stück

Zum Vorbereiten

6 Tontöpfe à 10 cm Ø

Germteig

240 g glattes Mehl

1/2 Pck. Dr. Oetker Germ

50 g gesiebter Staubzucker

1 Ei (Größe M)

1 Dotter (Größe M)

200 ml lauwarme Buttermilch

20 g weiche Butter

Kartoffel-Topfen-Füllung

120 g gekochte, geschälte, zerdrückte Kartoffeln

120 g Bröseltopfen

etwas Salz

etwas Pfeffer

1 Ei (Größe M)

Zum Bestreichen

etwas Wasser

etwas Olivenöl

Zubereitung

Für den Germteig das Mehl in eine Rührschüssel sieben und mit der Germ gut vermischen. Die übrigen Zutaten der Reihe nach dazugeben und mit dem Handmixer (Knethaken) zu einem Teig verkneten. Zugedeckt an einem warmen Ort so lange gehen lassen, bis er doppelt so hoch ist.

Den Teig auf einer bemehlten Arbeitsfläche zusammenstoßen (flach drücken und von links und rechts zur Mitte hin einschlagen) und rechteckig ausrollen. Den Teig in 6 gleich große Stücke schneiden.

Für die Füllung die Zutaten verrühren, mittig auf die Teigstücke geben, die Ränder mit Wasser bestreichen und über die Füllung schlagen. Die gefüllten Teigstücke mit dem Schluss nach unten in mit Backpapier ausgelegte Tontöpfe geben. Mit einem bemehlten Kochlöffel jeweils 2 Löcher eindrücken und mit Olivenöl auffüllen. Die Tontöpfe auf ein Backblech geben.

Das Blech in die untere Hälfte des vorgeheizten Rohres schieben.

Ober-/Unterhitze: 190 Grad
Backzeit: ca. 30 Min.

Die Brote in den Formen auskühlen lassen.

Zupfbrot

ca. 40 Min.

Zutaten für 1 Form

Vollkorn-Germteig

370 g gesiebtes glattes Mehl

250 g Einkorn-Vollkornmehl

1 Pck. Dr. Oetker Germ

420 ml lauwarmes Wasser (25 Grad)

1 1/2 KL Salz

4 EL Speiseöl

Kräuterbutter

80 g weiche Butter

1 EL gehackte Petersilie

1 KL frisch gehackter Koriander

etwas Salz

etwas Pfeffer

Zum Bestreuen

etwas schwarzer Sesam

etwas Sesam

etwas Fleur de Sel

Zubereitung

Für den Vollkorn-Germteig die Mehle in eine Rührschüssel geben und mit der Germ gut vermischen. Die übrigen Zutaten dazugeben und mit der Küchenmaschine (Knethaken) auf niedriger Stufe 5 Min. zu einem Teig verkneten. Zugedeckt an einem warmen Ort so lange gehen lassen, bis er doppelt so hoch ist.

Den Teig auf einer bemehlten Arbeitsfläche zusammenstoßen (flach drücken und von links und rechts zur Mitte hin einschlagen) und ca. 5 Min. rasten lassen.

Für die Kräuterbutter die Zutaten mit dem Schneebesen verrühren und auf den Teig streichen.

Den Teig rechteckig (ca. 36 x 65 cm) ausrollen und in ca. 4 cm breite Streifen schneiden.

Die Streifen falten und nacheinander aufrecht in eine leicht befettete Auflaufform (20 x 30 cm) legen und ca. 20 Min. gehen lassen.

Die Formen auf dem Rost in die untere Hälfte des vorgeheizten Rohres schieben.

Ober-/Unterhitze: 170 Grad
Backzeit: ca. 40 Min.

Tipp: Das Zupfbrot kann man auch in zwei Kastenformen (10 x 30 cm) backen.

GEFÜLLTER Brotkranz

ca. 40 Min.

Zutaten für 1 Brot

Germteig

600 g glattes Mehl

1 Pck. Dr. Oetker Germ

380 ml lauwarmes Wasser (25 Grad)

1 EL Zucker

10 g Salz

Mediterrane Füllung

1 EL Olivenöl

1 fein gehackte rote Zwiebel

1 fein geschnittene Knoblauchzehe

250 g in Streifen geschnittener Zucchini

100 g halbierte gelbe Cocktailtomaten

240 g geviertelte Artischockenherzen (1 Dose)

300 g Mini-Mozzarella-Kugeln

50 g in Streifen geschnittener Parma-Schinken

einige Basilikumblätter

etwas Salz

etwas Pfeffer

Zum Besprühen und Bestreuen

etwas Wasser

etwas Mehl

Zubereitung

Für den Germteig das Mehl in eine Rührschüssel sieben und mit der Germ gut vermischen. Die übrigen Zutaten dazugeben und mit der Küchenmaschine (Knethaken) auf niedriger Stufe 5 Min. zu einem Teig verkneten. Zugedeckt an einem warmen Ort so lange gehen lassen, bis er doppelt so hoch ist.

Für die Füllung das Öl in eine heiße, beschichtete Pfanne geben und die Zwiebel darin anschwitzen. Knoblauch und Zucchini dazugeben und anbraten. Vom Herd nehmen und etwas abkühlen lassen. Tomaten, Artischockenherzen, Mozzarella, Schinken und Basilikumblätter untermischen. Mit Salz und Pfeffer würzen.

Den Teig auf einer bemehlten Arbeitsfläche zusammenstoßen (flach drücken und von links und rechts zur Mitte hin einschlagen) und ca. 5 Min. rasten lassen.

Den Teig rechteckig ausrollen und die abgekühlte Füllung auf 2/3 der Fläche darauf verteilen. Das übrige Teigdrittel mit Wasser besprühen und das Ganze wie eine Roulade aufrollen.

Die Teigrolle als Kranz, mit dem Schluss nach unten, auf ein leicht befettetes, bemehltes Backblech geben und die Enden ineinanderstecken. Den Kranz ca. 20 Min. gehen lassen und etwas bemehlen.

Das Blech in die Mitte des vorgeheizten Rohres schieben.

Ober-/Unterhitze: 200 Grad
Backzeit: ca. 40 Min.

Internationale BROT-SPEZIALITÄTEN

Foccacia

ca. 30 Min.

Zutaten für 1 Brot

Germteig

450 g glattes Mehl
1 Pck. Dr. Oetker Germ
1/2 KL Zucker
300 ml lauwarmes Wasser
2 EL Olivenöl
1 KL Salz

Belag und zum Beträufeln

einige schwarze Oliven
einige Kapern
etwas Rosmarin
etwas grobes Salz
etwas Olivenöl

Zubereitung

Für den Germteig das Mehl in eine Rührschüssel sieben und mit der Germ gut vermischen. Die übrigen Zutaten der Reihe nach dazugeben und mit dem Handmixer (Knethaken) zu einem Teig verkneten. Zugedeckt an einem warmen Ort so lange gehen lassen, bis er doppelt so hoch ist.

Den Teig nochmals durchkneten und gleichmäßig in eine befettete, bemehlte Kuchenform (25 x 25 cm) drücken. Zugedeckt an einem warmen Ort so lange gehen lassen, bis er doppelt so hoch ist.

Mit einem bemehlten Kochlöffelstiel einige Löcher in die Oberfläche stechen und mit Oliven und Kapern beliebig belegen. Die Foccacia mit Rosmarin und Salz bestreuen und mit Olivenöl beträufeln.

Die Form auf dem Rost in die untere Hälfte des vorgeheizten Rohres schieben.

Ober-/Unterhitze: 200 Grad
Backzeit: ca. 30 Min.

Pita-Brot

ca. 30 Min.

Zutaten für 8 Stück

Teig

400 g glattes Mehl

1/2 Pck. Dr. Oetker Germ

200 ml lauwarmes Wasser (25 Grad)

70 ml lauwarme Milch (25 Grad)

1 gestrichener KL Salz

2 gestrichene KL Zucker

4 EL Olivenöl

Zum Bestreichen

ca. 3 EL Olivenöl

Zum Bestreuen

etwas Oregano

Zubereitung

Für den Teig das Mehl in eine Rührschüssel sieben und mit der Germ gut vermischen. Die übrigen Zutaten dazugeben und mit der Küchenmaschine (Knethaken) auf niedriger Stufe 5 Min. zu einem Teig verkneten. Zugedeckt an einem warmen Ort so lange gehen lassen, bis er doppelt so hoch ist.

Den Teig auf einer bemehlten Arbeitsfläche in 8 Stücke teilen und rund formen. Die Teigstücke auf mit Olivenöl bestrichene Backbleche geben, vollständig mit Olivenöl bestreichen und ca. 20 Min. gehen lassen.

Die Teigstücke flach drücken und mit den Fingern zu Fladen (ca. 15 cm Ø) ausformen. Die Teigfladen mit den Fingern vollflächig niederdrücken, aber nicht durchdrücken (so entsteht die typische unebene Oberfläche).

Ein Blech in die Mitte des vorgeheizten Rohres schieben und die Pita-Brote beidseitig backen; nach halber Backzeit mithilfe einer Palette wenden.

Ober-/Unterhitze: 160 Grad
Backzeit: ca. 15 Min.

Den Backvorgang mit den übrigen Pita-Broten wiederholen.

Tipp: Pita-Brote werden eher hell gebacken.

Ciabatta

ca. 25 Min.

Zutaten für 4 Stück

Weizen-Sauerteig

50 g glattes Mehl
35 ml lauwarmes Wasser (25 Grad)
10 g fertiger Sauerteig

Ciabattateig

vorbereiteter Weizen-Sauerteig
950 g gesiebtes glattes Mehl
1 Pck. Dr. Oetker Germ
2 EL lauwarmes Wasser (25 Grad)
650 ml lauwarmes Wasser (25 Grad)
20 g Salz
30 ml Olivenöl

Zum Unterkneten

80 g abgetropfte, klein geschnittene Tomaten in Öl

Zum Einölen

etwas Olivenöl

Zubereitung

Für den Weizen-Sauerteig, Mehl mit Wasser und Sauerteig verrühren. Zugedeckt 12–24 Std. bei Raumtemperatur stehen lassen.

Für den Ciabattateig den Weizen-Sauerteig mit Mehl in eine Rührschüssel geben. Germ mit Wasser verrühren und dazugeben. Die übrigen Zutaten dazugeben und mit der Küchenmaschine (Knethaken) auf niedriger Stufe 5 Min. kneten. Dann den Teig 3 Min. auf höherer Stufe fertig kneten und die Tomaten kurz unterkneten. Den Teig mit Olivenöl vollständig einölen und ca. 60 Min. gehen lassen.

Den Teig auf eine gut bemehlte Arbeitsfläche geben, etwas flach drücken und mit den Händen in eine ca. 15 x 36 cm große Form bringen. Mit der Teigkarte 4 Stücke schräg abstechen und auf ein leicht befettetes Backblech geben. Die Brote ca. 10 Min. gehen lassen.

Die Ciabatta etwas bemehlen und mittig ca. 1 cm tief einschneiden.

Ein flaches Gefäß mit ca. 300 ml lauwarmem Wasser füllen und auf den Boden in das vorgeheizte Backrohr stellen.

Das Blech in die untere Hälfte des Rohres schieben. Die letzten 5 Min. der Backzeit die Ciabatta bei offenem Zug backen.

Ober-/Unterhitze: 210 Grad
Backzeit: ca. 22 Min.

Die Ciabatta vom Backblech nehmen und **bei gleicher Herdeinstellung ca. 3 Min. am Rost fertig backen.**

Naan-Brot

ca. 30 Min.

Zutaten für 6 Stück

Teig

200 g gesiebtes glattes Mehl
70 g Maismehl
1/2 Pck. Dr. Oetker Germ
1 KL Zucker
1/2 KL Salz
80 ml lauwarme Milch (25 Grad)
70 g Joghurt
1 Ei (Größe M)
1 EL Speiseöl

Zubereitung

Für den Teig die Mehle mit Germ vermischen, in eine Rührschüssel geben und gut vermischen. Die übrigen Zutaten der Reihe nach dazugeben und mit dem Handmixer (Knethaken) zu einem Teig verkneten. Zugedeckt an einem warmen Ort ca. 30 Min. gehen lassen.

Den Teig auf eine Arbeitsfläche geben, in 6 Stücke teilen und rund formen. Zugedeckt ca. 10 Min. rasten lassen.

Die Teigkugeln mit dem Rollholz oval rollen. Zugedeckt ca. 10 Min. rasten lassen.

Eine beschichtete Pfanne erhitzen und die Brote beidseitig ohne Öl, je ca. 3 Min., ausbacken.

Fladenbrot

ca. 50 Min.

Zutaten für 2 Stück

Teig

350 g gesiebtes glattes Mehl
50 g gesiebtes Roggenmehl
1 Pck. Dr. Oetker Germ
1 EL Braunzucker
1/4 l lauwarmes Wasser (25 Grad)
3 EL Olivenöl
1 Ei (Größe M)

Zum Bestreichen und Bestreuen

etwas Olivenöl
etwas Mohn ganz
etwas Sesam
etwas gestoßener Koriander
etwas grobes Salz

Zubereitung

Für den Teig die Zutaten der Reihe nach in eine Rührschüssel geben und mit dem Handmixer (Knethaken) zu einem glatten Teig verkneten. Zugedeckt an einem warmen Ort so lange gehen lassen, bis er doppelt so hoch ist.

Den Teig auf eine mit Olivenöl bestrichene Arbeitsfläche geben, halbieren und rund formen. Den Teig ca. 10 Min. rasten lassen.

Die Teigstücke flach drücken und mit den Fingern zu Fladen (ca. 18 cm Ø) ausformen. Die Teigfladen auf ein befettetes, bemehltes Backblech geben, mit den Fingern vollflächig niederdrücken, aber nicht durchdrücken (so entsteht die typische unebene Oberfläche). Die Teigfladen ca. 10 Min. gehen lassen.

Die Fladen mit Olivenöl bestreichen, mit einer Gabel stupfen und beliebig bestreuen.

Das Blech in die Mitte des vorgeheizten Rohres schieben.

Ober-/Unterhitze: 190 Grad
Backzeit: ca. 18 Min.

Tipp: Die erkalteten Fladenbrote in Frischhaltefolie gut einpacken. Sie sollen beim Servieren weich sein.

Burger Buns

ca. 40 Min.

Zutaten für 10 Stück

Teig

450 g glattes Mehl
1/2 Pck. Dr. Oetker Germ
100 ml lauwarme Milch (25 Grad)
100 ml lauwarmes Wasser (25 Grad)
20 g Zucker
10 g Salz
1 Ei (Größe M)
50 g weiche Butter

Zum Bestreichen und Bestreuen

1 Ei
1 EL Milch
etwas Sesam

Zubereitung

Für den Teig das Mehl in eine Rührschüssel sieben und mit der Germ gut vermischen. Die übrigen Zutaten der Reihe nach dazugeben. Mit der Küchenmaschine (Knethaken) auf niedriger Stufe 4 Min. kneten, dann auf höherer Stufe 3 Min. fertig kneten. Den Teig ca. 30 Min. gehen lassen.

Den Teig auf eine Arbeitsfläche geben, zusammenstoßen (flach drücken und von links nach rechts zur Mitte hin einschlagen), in 80 g-Stücke teilen und rund formen. Die Teigkugeln auf zwei befettete, bemehlte Backbleche geben und ca. 5 Min. rasten lassen.

Die Teigkugeln flach drücken und zugedeckt ca. 20 Min. gehen lassen.

Ei mit Milch versprudeln, die Burger Buns damit bestreichen und mit Sesam bestreuen.

Ein Blech in die Mitte des vorgeheizten Rohres schieben.

Ober-/Unterhitze: 190 Grad
Backzeit: ca. 17 Min.

Den Backvorgang mit den übrigen Burger Buns wiederholen.

Grissini

ca. 50 Min.

Zutaten für ca. 30 Stück

Teig

450 g glattes Mehl
1 Pck. Dr. Oetker Germ
1/8 l lauwarmes Wasser (25 Grad)
150 ml lauwarme Milch (25 Grad)
50 g weiche Butter
1 Ei (Größe M)
1 EL Zucker
1 EL Salz

Zum Bestreichen und Bestreuen

etwas Wasser
etwas Sesam
etwas grobes Salz

Zubereitung

Das Mehl in eine Rührschüssel sieben und mit der Germ gut vermischen. Die übrigen Zutaten der Reihe nach dazugeben und mit dem Handmixer (Knethaken) zu einem Teig verkneten. Zugedeckt an einem warmen Ort so lange gehen lassen, bis er doppelt so hoch ist.

Den Teig zu einer Rolle formen und in 30 Stücke teilen. Die Teigstücke zu bleistiftdicken Rollen formen und auf ein mit Backpapier ausgelegtes Backblech legen. Die Grissini mit Wasser leicht bestreichen und mit Sesam und Salz bestreuen. An einem warmen Ort ca. 25 Min. gehen lassen.

Das Blech in die Mitte des vorgeheizten Rohres schieben.

Ober-/Unterhitze: 200 Grad
Backzeit: ca. 15 Min.

Die Grissini abkühlen lassen. Das Blech wieder in die Mitte des Rohres schieben und die Grissini fertig backen.

Ober-/Unterhitze: 180 Grad
Backzeit: ca. 5 Min.

Süße BROTE

Rosinenbrot

ca. 50 Min.

Zutaten für 1 Laib

Germteig

450 g glattes Mehl

1 Pck. Dr. Oetker Germ

1 KL Salz

80 g Zucker

1 Pck. Dr. Oetker Vanillin Zucker

1/2 Röhrchen Dr. Oetker Aroma Zitrone

2 Dotter (Größe M)

1 Ei (Größe M)

375 ml lauwarme Milch (25 Grad)

150 g weiche Butter

Zum Unterkneten

80 g Rosinen

Zum Bestreichen

1 Ei

1 EL Milch

Zubereitung

Für den Germteig das Mehl in eine Rührschüssel sieben und mit der Germ gut vermischen. Salz, Zucker, Vanillin Zucker, Aroma, Dotter, Ei und Milch dazugeben und mit dem Handmixer (Knethaken) zu einem Teig verkneten. Die Butter dazugeben und den Teig fertig kneten. Zugedeckt ca. 2 Std. im Kühlschrank rasten lassen.

Die Rosinen kurz unterkneten und zugedeckt über Nacht im Kühlschrank gehen lassen.

Den Teig aus dem Kühlschrank nehmen und ca. 1 Std. bei Raumtemperatur stehen lassen.

Den Teig rund formen und auf ein befettetes, bemehltes Backblech geben. Ei mit Milch versprudeln, den Laib damit bestreichen und an einem warmen Ort so lange gehen lassen, bis er doppelt so groß ist. Den Laib noch 1-mal bestreichen und 4-mal ca. 2 cm tief einschneiden.

Das Blech in die untere Hälfte des vorgeheizten Rohres schieben. Das Brot mit fallender Hitze backen.

Ober-/Unterhitze: 170 Grad
Backzeit: ca. 35 Min.

Ober-/Unterhitze: 160 Grad
Backzeit: ca. 15 Min.

Germzopf

ca. 50 Min.

Zutaten für 1 Zopf

Germteig

450 g glattes Mehl

1 Pck. Dr. Oetker Germ

80 g gesiebter Staubzucker

1 Pck. Dr. Oetker Original Pudding Vanille-Geschmack

1 Prise Salz

1/2 Fläschchen Dr. Oetker Aroma Zitrone

1/2 Fläschchen Dr. Oetker Aroma Rum

1 Ei (Größe M)

1/4 l lauwarme Milch (25 Grad)

50 g sehr weiche Butter

Zum Bestreichen

1 versprudeltes Ei

Zubereitung

Für den Germteig das Mehl in eine Rührschüssel sieben und mit der Germ gut vermischen. Die übrigen Zutaten der Reihe nach dazugeben und mit dem Handmixer (Knethaken) zu einem Teig verkneten. Zugedeckt an einem warmen Ort so lange gehen lassen, bis er doppelt so hoch ist.

Den Teig auf einer bemehlten Arbeitsfläche zusammenstoßen (flach drücken und von links und rechts zur Mitte hin einschlagen), in drei gleiche Stücke teilen und rund formen. Die Teigstücke 20 Min. rasten lassen, zu Rollen formen und zu einem Zopf flechten.

Den Zopf auf ein befettetes Backblech geben und mit Ei bestreichen. Zugedeckt an einem warmen Ort ca. 15 Min. gehen lassen.

Den Zopf nochmals mit Ei bestreichen.

Das Blech in die untere Hälfte des vorgeheizten Rohres schieben.

Ober-/Unterhitze: 190 Grad
Backzeit: ca. 25 Min.

Low Carb BROTE

Kürbisbrot

ca. 20 Min.

Zutaten für 1 Brot

Masse

4 Eier (Größe M)
1 KL Salz
180 g geschälte, geriebene Mandeln
350 g Kürbiskernmehl
50 g Flohsamenschalen
2 gestrichene KL Dr. Oetker Backpulver
etwas Zimt
etwas Muskatnuss
etwas Kardamom
1/2 l Kokosmilch

Zum Ausstreuen und Bestreuen

einige gehackte Kürbiskerne
einige ganze Kürbiskerne

Zubereitung

Für die Masse Eier mit Salz mit dem Handmixer (Rührstäbe) schaumig aufschlagen. Mandeln mit Kürbiskernmehl, Flohsamenschalen, Backpulver und Gewürzen vermischen, dazugeben und mit Kokosmilch mit dem Kochlöffel verrühren.

Die Masse in eine befettete, mit gehackten Kürbiskernen ausgestreute Kastenform (10 x 30 cm) füllen, glatt streichen und mit ganzen Kürbiskernen bestreuen.

Die Form auf dem Rost in die untere Hälfte des vorgeheizten Rohres schieben.

Ober-/Unterhitze: 180 Grad
Backzeit: ca. 55 Min.

Eiweißbrot

ca. 30 Min.

Zutaten für 1 Brot

All-in-Masse

250 g Magertopfen
4 Eiklar (Größe M)
1 Dotter (Größe M)
350 g grob geraspelte Karotten
100 g Leinsamen
100 g Sonnenblumenkerne
150 g geriebene Erdmandeln
50 g gehackte Pekannüsse

Zum Ausstreuen und Belegen

einige Amaranth-Pops
einige Pekannüsse

Zubereitung

Für die Masse Topfen mit Eiklar und Dotter mit dem Schneebesen verrühren. Die übrigen Zutaten der Reihe nach dazugeben und glatt rühren.

Die Masse in eine befettete, mit Amaranth-Pops ausgestreute Kastenform (10 x 30 cm) füllen, glatt streichen und mit Pekannüssen belegen.

Die Form auf dem Rost in die untere Hälfte des vorgeheizten Rohres schieben.

Ober-/Unterhitze: 180 Grad
Backzeit: ca. 60 Min.

Karotten-brot

ca. 30 Min.

Zutaten für 1 Brot

All-in-Masse

220 g geraspelte Karotten
150 g geriebene Mandeln
1 KL Quinoa
50 g Leinsamen
30 g Chia-Samen
2 gestrichene KL Dr. Oetker Natron
1 gestrichener KL Salz
etwas Koriander gemahlen
4 Eier (Größe M)
2 EL Speiseöl

Zum Ausstreuen

einige Leinsamen

Zubereitung

Für die Masse die Zutaten der Reihe nach in eine Rührschüssel geben und mit dem Kochlöffel glatt rühren.

Die Masse in eine befettete, mit Leinsamen ausgestreute Kastenform (10 x 30 cm) füllen und glatt streichen.

Die Form auf dem Rost in die untere Hälfte des vorgeheizten Rohres schieben.

Ober-/Unterhitze: 180 Grad
Backzeit: ca. 40 Min.

Das Brot auf den Rost stürzen und **bei gleicher Herdeinstellung ca. 10 Min. fertig backen.**

Kartoffel-brot

ca. 30 Min.

Zutaten für 1 Brot

Teig

400 g glutenfreies Mehl

100 g Kartoffelstärkemehl oder Maisstärke

200 g gekochte, passierte Kartoffeln

1 Pck. Dr. Oetker Germ

2 EL lauwarmes Wasser (25 Grad)

1 EL schwarzer Sesam

1 KL Zucker

1 gestrichener KL Salz

1/2 l lauwarmes Wasser (25 Grad)

50 ml Speiseöl

Zum Ausstreuen

einige Sonnenblumenkerne

etwas schwarzer Sesam

Zubereitung

Für den Teig glutenfreies Mehl mit Kartoffelstärkemehl und passierten Kartoffeln in eine Rührschüssel geben. Germ mit Wasser verrühren und dazugeben. Die übrigen Zutaten der Reihe nach dazugeben und mit dem Handmixer (Knethaken) zu einem weichen Teig verkneten.

Den Teig in eine befettete, mit Sonnenblumenkernen und schwarzem Sesam ausgestreute Kastenform (10 x 30 cm) füllen und glatt streichen. Zugedeckt ca. 20 Min. rasten lassen.

Die Form auf dem Rost in die untere Hälfte des vorgeheizten Rohres schieben.

Ober-/Unterhitze: 180 Grad
Backzeit: ca. 50 Min.

Joghurt-Nussbrot

ca. 20 Min.

Zutaten für 1 Brot

Masse

100 g gehackte Walnüsse

50 g Leinsamen geschrotet

100 g Bio-Dinkelgrieß

1 KL Quinoa

50 g Weizenkleie

15 g Eiweiß-Ersatz (Reformhaus)

1 gestrichener KL Dr. Oetker Backpulver

1 gestrichener KL Salz

2 Eier (Größe M)

250 g Joghurt

2 EL Dinkelflocken

Zum Ausstreuen

einige Dinkelflocken

Zubereitung

Für die Masse die Zutaten der Reihe nach in eine Rührschüssel geben und mit dem Schneebesen verrühren. Die Masse ca. 10 Min. quellen lassen.

Die Masse in eine befettete, mit Dinkelflocken ausgestreute Kastenform (10 x 30 cm) füllen und glatt streichen.

Die Form auf dem Rost in die untere Hälfte des vorgeheizten Rohres schieben.

Ober-/Unterhitze: 190 Grad
Backzeit: ca. 40 Min.

Kastanienbrot

ca. 30 Min.

Zutaten für 1 Brot

Teig

40 g flüssige Butter

200 g Chiamehl

200 g Hanfmehl

100 g Kastanienmehl (Reformhaus)

3 gestrichene KL Dr. Oetker Backpulver

1 gestrichener KL Salz

1/2 kg Kefir oder Joghurt

3 Eier (Größe M)

Zum Ausstreuen

etwas Quinoa Tricolor

Zubereitung

Für den Teig die Zutaten der Reihe nach in eine Rührschüssel geben und mit dem Kochlöffel kurz zu einem Teig verrühren. Achtung: Nur wenig rühren, sonst wird der Teig zäh.

Den Teig in eine befettete, mit Quinoa Tricolor ausgestreute Kastenform (10 x 30 cm) füllen und glatt streichen.

Die Form auf dem Rost in die untere Hälfte des vorgeheizten Rohres schieben.

Ober-/Unterhitze: 180 Grad
Backzeit: ca. 45 Min.

Das Brot auf den Rost stürzen und **ca. 10 Min. bei gleicher Herdeinstellung fertig backen.**

Dunkles Eiweißbrot

ca. 30 Min.

Zutaten für 1 Brot

Teig

1 Pck. Dr. Oetker Germ
2 EL lauwarmes Wasser (25 Grad)
250 g Weizenvollkornmehl
250 g Hanfmehl oder Buchweizenmehl
2 gestrichene KL Salz
60 g ganze Kürbiskerne
60 g gehackte Kürbiskerne
430 ml lauwarmes Wasser (25 Grad)
3 EL Apfelessig

Zum Besprühen, Ausstreuen und Bestreuen

etwas Wasser
etwas Sesam
einige gehackte Kürbiskerne
einige Bananenchips

Zubereitung

Für den Teig Germ mit Wasser verrühren. Die übrigen Zutaten der Reihe nach dazugeben und mit dem Handmixer (Knethaken) zu einem Teig verkneten.

Den Teig in eine befettete, am Boden mit Kürbiskernen ausgestreute und seitlich mit Sesam und Kürbiskernen bestreute Kastenform (10 x 30 cm) füllen. Die Oberfläche mit Wasser besprühen und mit Sesam, gehackten Kürbiskernen und Bananenchips bestreuen.

Die Form auf dem Rost in die untere Hälfte des vorgeheizten Rohres schieben.

Ober-/Unterhitze: 190 Grad
Backzeit: ca. 40 Min.

Low Carb-Brötchen

ca. 30 Min.

Zutaten für 8 Sück

Teig

180 ml Mineralwasser
2 Eier (Größe M)
70 g Haferkleie
50 g Eiweiß-Ersatz (Reformhaus)
50 g Hanfmehl
20 g Flohsamenschalen
4 KL Chiasamen
1 gestrichener KL Salz
1 1/2 KL Dr. Oetker Backpulver

Zum Bestreichen und Bestreuen

etwas Wasser
etwas Quinoa

Zubereitung

Für den Teig die Zutaten der Reihe nach in eine Rührschüssel geben und mit dem Kochlöffel zu einem weichen Teig verrühren. Den Teig ca. 10 Min. quellen lassen.

Aus dem Teig mit befeuchteten Händen 8 Laibchen formen und auf ein mit Backpapier ausgelegtes Backblech geben. Die Brötchen beliebig einschneiden, mit Wasser bestreichen und mit Quinoa bestreuen.

Das Blech in die Mitte des vorgeheizten Rohres schieben.

Ober-/Unterhitze: 180 Grad
Backzeit: ca. 20 Min.

Low Carb-Brot

ca. 30 Min.

Zutaten für 1 Brot

All-in-Masse

150 g Mandelmehl
1 gestrichener KL Dr. Oetker Natron
1 gestrichener KL Dr. Oetker Backpulver
80 g Leinsamen geschrotet
1 EL Leinsamen ganz
1 EL Sesam
1 EL schwarzer Sesam
1 EL Amaranth
2 gestrichene KL Salz
2 EL Sonnenblumenkerne
2 EL Kürbiskerne
2 EL gehackte Pecannüsse
3 Eiklar (Größe M)
80 ml Apfelessig
300 ml Wasser

Zum Ausstreuen und Bestreuen

einige Sonnenblumenkerne

Zubereitung

Für die Masse Mandelmehl mit Natron und Backpulver vermischen und in eine Rührschüssel geben. Die übrigen Zutaten der Reihe nach dazugeben und mit dem Kochlöffel zu einer dickbreiigen Masse verrühren.

Die Masse in eine befettete, mit Sonnenblumenkernen ausgestreute, Vollgussform (ca. 22 cm) füllen und glatt streichen. Die Oberfläche mit Sonnenblumenkernen bestreuen.

Ein flaches Gefäß mit 1/4 l Wasser füllen und auf den Boden in das vorgeheizte Backrohr stellen.

Die Form auf dem Rost in die untere Hälfte des Rohres schieben.

Das Brot nach 10 Min. Backzeit mit einem scharfen Messer mittig, ca. 1 cm tief, einschneiden.

Ober-/Unterhitze: 170 Grad
Backzeit: ca. 45 Min.

Amaranth-brot

ca. 20 Min.

Zutaten für 1 Brot

Brotteig

400 g glutenfreies Mehl

1 Pck. Dr. Oetker Germ

160 g gemahlener Amaranth oder Buchweizenmehl

2 EL Essig

1 KL Zucker

2 gestrichene KL Salz

60 g Leinsamen

40 g schwarzer Sesam

20 g Sonnenblumenkerne

2 EL Speiseöl

1/2 l lauwarmes Wasser (25 Grad)

Zum Bestreichen

1 EL Speiseöl

Zum Ausstreuen

einige Sonnenblumenkerne

einige Leinsamen

etwas Sesam

Zubereitung

Für den Teig die Zutaten der Reihe nach in eine Rührschüssel geben und mit der Küchenmaschine (Knethaken) verkneten.

Den Teig in eine befettete, mit Sonnenblumenkernen, Leinsamen und schwarzem Sesam ausgestreute Kastenform (10 x 30 cm) geben. Zugedeckt an einem warmen Ort ca. 40 Min. gehen lassen.

Die Form auf dem Rost in die untere Hälfte des vorgeheizten Rohres schieben. Das Brot mit fallender Hitze backen.

Ober-/Unterhitze: 250 Grad
Backzeit: ca. 15 Min.

Das Brot mit Öl bestreichen und die Hitze reduzieren.

Ober-/Unterhitze: 200 Grad
Backzeit: ca. 40 Min.

Das Brot in der Form auskühlen lassen.

REZEPTÜBERSICHT